Exortação Apostólica pós-sinodal

PASTORES GREGIS

do Sumo Pontífice João Paulo II
sobre o Bispo,
servidor do Evangelho de Jesus Cristo
para a esperança do mundo

Direção-geral: *Flávia Reginatto*
Editora responsável: *Noemi Dariva*

2ª edição – 2003

*Nenhuma parte desta obra poderá ser reproduzida ou
transmitida por qualquer forma e/ou quaisquer meios
(eletrônico ou mecânico, incluindo fotocópia e gravação)
ou arquivada em qualquer sistema ou banco de dados sem
permissão escrita da Editora. Direitos reservados.*

Paulinas

Rua Pedro de Toledo, 164
04039-000 – São Paulo – SP (Brasil)
Tel.: (11) 2125-3549 – Fax: (11) 2125-3548
http://www.paulinas.org.br – editora@paulinas.org.br
Telemarketing e SAC: 0800-7010081

© Pia Sociedade Filhas de São Paulo – São Paulo, 2003

INTRODUÇÃO

1. Pastores do rebanho, os Bispos sabem que podem contar com uma graça divina especial no cumprimento do seu ministério. No Pontifical Romano, durante a solene Oração de Ordenação, o Bispo ordenante principal, depois de ter invocado a efusão do Espírito que rege e guia, diz estas palavras referidas já no antigo texto da *Tradição Apostólica*: "Pai santo, que conheceis os corações, dai a este vosso servo, por vós eleito para o episcopado, que apascente o vosso povo santo, exerça de modo irrepreensível diante de vós o sumo sacerdócio".[1] Deste modo, continua a ter cumprimento a vontade do Senhor Jesus, o Pastor eterno que enviou os Apóstolos, como ele mesmo tinha sido enviado pelo Pai (cf. Jo 20,21), e quis que os sucessores deles, os Bispos, fossem pastores na sua Igreja até ao fim dos tempos.[2]

A imagem do Bom Pastor, muito apreciada já pela primitiva iconografia cristã, acompanhou sempre os Bispos que, chegados de todo o mundo, estiveram reunidos de 30 de setembro a 27 de outubro de 2001

---

[1] *Rito da Ordenação do Bispo*: Oração de Ordenação.

[2] Cf. Conc. Ecum. Vat. II, Const. dogm. sobre a Igreja *Lumen gentium*, n. 18.

na X Assembléia Geral Ordinária do Sínodo dos Bispos. Aos pés do túmulo do apóstolo Pedro, refletiram juntos comigo sobre a figura do *Bispo, servidor do Evangelho de Jesus Cristo para a esperança do mundo*. Todos estavam de acordo que a figura de Jesus Bom Pastor constitui a imagem privilegiada à qual se deve constantemente fazer referência. Com efeito, ninguém pode ser considerado um pastor digno deste nome, *"nisi per caritatem efficiatur unum cum Christo"*.[3] Este é o motivo fundamental por que "a figura ideal do Bispo, com que a Igreja continua a contar, é a do Pastor que, configurado com Cristo na santidade de vida, se dedica generosamente em favor da Igreja que lhe foi confiada, tendo no coração ao mesmo tempo a solicitude por todas as Igrejas espalhadas pela terra (cf. 2Cor 11,28)".[4]

A décima assembléia do Sínodo dos Bispos

2. Assim, damos graças ao Senhor porque nos concedeu o dom de celebrar outra vez uma assembléia do Sínodo dos Bispos e, nela, viver uma experiência verdadeiramente profunda do que é *ser-Igreja*. Celebrada ao início do terceiro milênio cristão, no clima

---

[3] Santo Tomás de Aquino, *Super evangelium Johannis*, X, 3.

[4] João Paulo II, Homilia no encerramento da X Assembléia Geral Ordinária do Sínodo dos Bispos (27 de outubro de 2001), 3: *AAS* 94 (2002), 114:

ainda intenso do grande Jubileu do Ano 2000, a X Assembléia Geral Ordinária do Sínodo dos Bispos culmina uma longa série delas: as assembléias especiais, tendo em comum a perspectiva da evangelização nos diversos continentes, da África à América, à Ásia, à Oceania e à Europa; e as assembléias ordinárias, tendo as últimas concentrado a sua reflexão sobre a abundante riqueza eclesial que representam as diversas vocações suscitadas pelo Espírito no Povo de Deus. Nesta linha, a atenção dedicada ao ministério próprio dos Bispos completou o quadro daquela eclesiologia de comunhão e missão que é necessário ter sempre presente.

A este respeito, os trabalhos sinodais fizeram referência constante à doutrina sobre o episcopado e sobre o ministério dos Bispos delineada pelo Concílio Vaticano II, especialmente no capítulo terceiro da Constituição dogmática *Lumen gentium* e no Decreto *Christus Dominus* sobre o múnus pastoral dos Bispos. A propósito desta elucidativa doutrina, que resume e desenvolve os elementos teológicos e jurídicos tradicionais, pôde meu predecessor de veneranda memória Paulo VI justamente afirmar: "Parece-nos que a autoridade episcopal saia do Concílio recuperada na sua divina instituição, confirmada na sua função insubstituível, valorizada nos seus poderes pastorais de magistério, santificação e governo, honrada na sua extensão à Igreja universal através da comunhão colegial, especificada na sua colocação hierárquica, confortada na co-responsabilidade fraterna com os outros Bispos relativamente às necessidades universais e particulares da Igreja e ainda mais associada em espírito de subordinada união e solidária colaboração com a cabeça da Igreja, centro constitutivo do Colégio Episcopal".[5]

Ao mesmo tempo e seguindo o tema que lhes fora dado, os padres sinodais repensaram o próprio ministério à luz da esperança teologal. Também esta dimensão se revelou singularmente pertinente para a missão do pastor, já que, para a Igreja, ele é sobretudo o portador do testemunho pascal e escatológico.

Uma esperança fundada em Cristo

3. De fato é tarefa de cada Bispo anunciar ao mundo a esperança, partindo da pregação do Evangelho de Jesus Cristo: "não só a esperança no que diz respeito às coisas penúltimas, mas também e sobretudo a esperança escatológica, que aguarda o tesouro da glória de Deus (cf. Ef 1,18), que supera tudo quanto tenha já saboreado o coração do homem (cf. 1Cor 2,9) e que não tem comparação com os sofrimentos do tempo presente (cf. Rm 8,18)".[6] A perspectiva da espe-

---

[5] Discurso aos Cardeais, Arcebispos e Bispos da Itália (6 de dezembro de 1965): *AAS* 58 (1966), 68.

[6] *Propositio* 3.

rança teologal, juntamente com as da fé e da caridade, deve modelar inteiramente o ministério pastoral do Bispo.

Compete-lhe, de modo particular, a tarefa de ser profeta, testemunha e servo da esperança; tem o dever de infundir confiança e proclamar perante quem quer que seja as razões da esperança cristã (cf. 1Pd 3,15). O Bispo é profeta, testemunha e servo desta esperança sobretudo nas situações onde maior é a pressão de uma cultura imanentista, que marginaliza qualquer abertura à transcendência. Onde falta a esperança, também a fé é posta em questão; e o amor enfraquece, quando começa a exaurir-se aquela virtude. Com efeito a esperança, especialmente em tempos de crescente incredulidade e indiferença, é firme apoio para a fé e incentivo eficaz para a caridade. Extrai a sua força da certeza da vontade salvífica universal de Deus (cf. 1Tm 2,3) e da presença constante do Senhor Jesus, o *Emanuel*, que está sempre conosco até ao fim do mundo (cf. Mt 28,20).

Somente com a luz e a consolação que provêm do Evangelho é que um Bispo consegue manter viva a própria esperança (cf. Rm 15,4) e alimentá-la em todos os que estão confiados à sua solicitude de pastor. Deste modo, imita a Virgem Maria, *Mater spei*, que acreditou no cumprimento das palavras do Senhor (cf. Lc 1,45). Apoiando-se na Palavra de Deus e agarrando-se solidamente à esperança, que é como uma âncora firme e segura que penetra no céu (cf. Hb 6,18-20), o Bispo é, no meio da sua Igreja, sentinela vigilante, profeta corajoso, testemunha credível e servo fiel de Cristo, "esperança da glória" (cf. Cl 1,27), graças a quem "não haverá mais morte, nem pranto, nem gritos, nem dor" (Ap 21,4).

A esperança, na falência das esperanças

4. Todos se lembrarão que as sessões do Sínodo dos Bispos decorreram em dias intensamente dramáticos. Estava ainda vivo, na mente dos padres sinodais, o eco dos acontecimentos terríveis do dia 11 de setembro de 2001, com o doloroso resultado de inumeráveis vítimas inocentes e o aparecimento no mundo de novas e gravíssimas situações de incerteza e de temor para a própria civilização humana e a pacífica convivência entre as nações. Configuravam-se, assim, novos horizontes de guerra e de morte que, juntando-se às situações de conflito já existentes, mostravam em toda a sua urgência a necessidade de dirigir ao Príncipe da Paz a imploração para que os corações dos homens voltassem a estar abertos à reconciliação, à solidariedade e à paz.[7]

---

[7] Cf. João Paulo II, *Oração* no trigésimo dia após o 11 de setembro: *L'Osservatore Romano* (ed. port. de 15/9/2001), 456.

A assembléia sinodal não se limitou à oração, mas ergueu a sua voz para condenar toda forma de violência e indicar as suas raízes últimas no pecado do homem. Diante da falência das esperanças humanas que, baseando-se em ideologias materialistas, imanentistas e economicistas, pretendem medir tudo em termos de eficiência e relações de poder e de mercado, os padres sinodais reafirmaram a convicção de que só a luz do Ressuscitado e o impulso do Espírito Santo ajudam o homem a apoiar as próprias expectativas na esperança que não desilude. Por isso proclamaram: "Não podemos deixar-nos atemorizar pelas várias formas de negação do Deus vivo, que procuram, mais ou menos abertamente, minar a esperança cristã, fazer dela uma paródia ou escarnecê-la. Confessamo-lo na alegria do Espírito: *Cristo verdadeiramente ressuscitou!* Na sua humanidade glorificada, abriu o horizonte da vida eterna a todos os homens que se convertem".[8]

A certeza desta profissão de fé deve ser tal que permita tornar de dia para dia mais firme a esperança dum Bispo, levando-o a confiar que a misericordiosa bondade de Deus jamais cessará de construir sendas de salvação e de abri-las à liberdade de cada homem.

---

[8] X Assembléia Geral Ordinária do Sínodo dos Bispos, *Mensagem* (25 de outubro de 2001), 8: *L'Osservatore Romano* (ed. port. de 3/11/2001), 606; cf. Paulo VI, Carta ap. *Octogesima adveniens* (14 de maio de 1971), 41: *AAS* 63 (1971), 429-430.

É a esperança que o anima a discernir, no contexto onde desempenha o seu ministério, os sinais da vida capazes de derrotar os germes nocivos e mortais. É também a esperança que o sustenta na transformação dos próprios conflitos em ocasiões de crescimento, abrindo-os à reconciliação. Será ainda a esperança em Jesus, Bom Pastor, a encher o seu coração de compaixão induzindo-o a debruçar-se sobre a dor de cada homem e mulher que sofre, para cuidar das suas chagas, mantendo sempre viva a confiança de que a ovelha perdida pode ser encontrada. Deste modo o Bispo será um sinal cada vez mais luminoso de Cristo, Pastor e Esposo da Igreja. Agindo como pai, irmão e amigo de todo homem, será junto de cada um a imagem viva de Cristo, nossa esperança,[9] no qual se cumprem todas as promessas de Deus e realizam todas as expectativas da criação.

Servos do Evangelho para a esperança do mundo

5. Dispondo-me, pois, a entregar esta minha Exortação Apostólica, na qual recolho o patrimônio de reflexão maturado por ocasião da X Assembléia Geral Ordinária do Sínodo dos Bispos, desde os primeiros

---

[9] Cf. *Propositio* 6.

Lineamenta ao *Instrumentum Laboris*, das intervenções feitas pelos padres na aula sinodal às duas Relações que as introduziram e resumiram, do enriquecimento de pensamento e experiência pastoral havidos nos *Circuli Minores* às *Propositiones* que me foram apresentadas na conclusão dos trabalhos sinodais para oferecer à Igreja inteira um documento especificamente dedicado ao tema sinodal do *Bispo, servidor do Evangelho de Jesus Cristo para a esperança do mundo*,[10] dirijo a minha saudação fraterna e envio o ósculo de paz a todos os Bispos que estão em comunhão com esta Cátedra, confiada logo ao início a Pedro para que fosse garante da unidade e, como é por todos reconhecido, presidisse na caridade.[11]

A vós, venerados e caríssimos Irmãos, repito o convite que, ao início do novo milênio, dirigi a toda a Igreja: *Duc in altum!* Antes, é o próprio Cristo que o repete aos sucessores daqueles Apóstolos que ouviram este convite diretamente dele e, fiando-se nele, partiram para a missão pelas estradas do mundo: *Duc in altum* (Lc 5,4). À luz deste insistente convite do Senhor, "podemos reler o tríplice *munus* que nos está confiado na Igreja: *munus docendi, sanctificandi et*

---

[10] Cf. *Propositio* 1.

[11] Cf. Optato de Mileve, *Contra Parmenianum donat.*, 2, 2: *PL* 11, 947; Santo Inácio de Antioquia, *Carta aos Romanos*, 1,1: *PG* 5, 685.

regendi. Duc in docendo! 'Prega a palavra — diremos com o Apóstolo —, insiste oportuna e inoportunamente, repreende, censura e exorta com bondade e doutrina' (2Tm 4,2). *Duc in sanctificando!* As *redes*, que somos chamados a lançar no meio dos homens, são antes de mais nada os sacramentos de que somos os principais dispensadores, reguladores, guardas e promotores; formam uma espécie de *rede* salvífica, que liberta do mal e conduz à plenitude da vida. *Duc in regendo!* Como pastores e verdadeiros pais, ajudados pelos sacerdotes e demais colaboradores, temos o dever de congregar a família dos fiéis e nela fomentar a caridade e a comunhão fraterna. Embora seja uma missão árdua e extenuante, ninguém perca a coragem. Com Pedro e os primeiros discípulos também nós renovamos confiantes a nossa sincera profissão de fé: Senhor, 'à tua palavra lançarei as redes!' (Lc 5,5). À tua palavra, ó Cristo, queremos servir o teu Evangelho para a esperança do mundo!".[12]

Deste modo, vivendo como homens de esperança e refletindo no próprio ministério a eclesiologia de comunhão e missão, os Bispos serão verdadeiramente motivo de esperança para o seu rebanho. Nós sabemos que o mundo necessita da "esperança que não confun-

---

[12] João Paulo II, Homilia na abertura da X Assembléia Geral Ordinária do Sínodo dos Bispos (30 de setembro de 2001), 6: *AAS* 94 (2002), 111-112.

de" (Rm 5,5). Sabemos que esta esperança é Cristo. Sabemo-lo e por isso proclamamos a esperança que brota da Cruz.

Ave Crux spes unica! Esta saudação, que ecoou na aula sinodal no momento central dos trabalhos da X Assembléia Geral do Sínodo dos Bispos, continue a ressoar nos nossos lábios, porque a Cruz é mistério de morte e de vida. A Cruz tornou-se para a Igreja "árvore da vida". Por isso, anunciamos que a vida venceu a morte.

Precederam-nos neste anúncio pascal uma multidão de santos Pastores, que *in medio Ecclesiae* foram sinais eloqüentes do Bom Pastor. Também por eles, louvamos e agradecemos sem cessar a Deus onipotente e eterno, porque, como canta a liturgia sagrada, fortalecem-nos com o exemplo da sua vida, instruem-nos com a sua palavra e protegem-nos com a sua intercessão.[13] A fisionomia de cada um destes santos Bispos, desde os primórdios da vida da Igreja até os nossos dias, como disse no encerramento dos trabalhos sinodais, pode comparar-se a um ladrilho que, colocado numa espécie de místico mosaico, compõe o rosto de Cristo Bom Pastor. Assim fixemos sobre ele a nossa vista — servindo também nisto de modelo para o

---

[13] Cf. Missal Romano, *Prefácio dos Santos Pastores.*

rebanho que o Pastor dos pastores nos confiou — para sermos, com empenho cada vez maior, *ministros do Evangelho para a esperança do mundo*.

Contemplando o rosto do nosso Mestre e Senhor na hora em que "levou até o extremo o amor pelos seus", todos nós, como o apóstolo Pedro, deixamo-lo lavar-nos os pés para termos parte com ele (cf. Jo 13,1-9). E, com a força que dele recebemos na santa Igreja, repetimos em voz alta diante dos nossos presbíteros e diáconos, de todas as pessoas de vida consagrada e de todos os caríssimos fiéis leigos: "Como quer que sejamos, que a vossa esperança não esteja posta em nós: se formos bons, somos ministros; se formos maus, ministros somos. Mas só se formos ministros bons e fiéis, é que seremos verdadeiramente ministros".[14] *Ministros do Evangelho para a esperança do mundo.*

---

[14] Santo Agostinho, *Sermo* 340/A, 9: *PLS* 2, 644.

CAPÍTULO I

MISTÉRIO E MINISTÉRIO DO BISPO

E escolheu Doze (Lc 6,13).

6. O Senhor Jesus, durante a sua peregrinação na terra, anunciou o Evangelho do Reino e inaugurou-o em si próprio, revelando a todos os homens o seu mistério.[1] Chamou homens e mulheres para o seguirem e, dentre os discípulos, escolheu Doze para "andarem com ele" (Mc 3,14). O evangelho de Lucas especifica que Jesus fez esta escolha depois de passar uma noite na montanha em oração (cf. Lc 6,12). Por sua vez, o evangelho de Marcos parece qualificar essa ação de Jesus como um ato soberano, um ato constitutivo que identifica os que escolheu: "E *constituiu* Doze" (Mc 3,14). Assim se manifesta o mistério da eleição dos Doze: é um ato de amor, livremente querido por Jesus em profunda união com o Pai e o Espírito Santo.

A missão confiada por Jesus aos Apóstolos deve durar até o fim dos séculos (cf. Mt 28,20), porque o Evangelho que tem o encargo de transmitir é a vida

---

[1] Cf. Conc. Ecum. Vat. II, Const. dogm. sobre a Igreja *Lumen gentium*, n. 3.

para a Igreja de todos os tempos. Por isso mesmo, tiveram o cuidado de constituir sucessores, para que, como atesta santo Irineu, a tradição apostólica fosse manifestada e guardada ao longo dos séculos.[2]

A especial efusão do Espírito Santo, de que foram repletos os Apóstolos pelo Senhor ressuscitado (cf. At 1,5-8; 2,4; Jo 20,22-23), foi comunicada por eles, através do gesto da imposição das mãos, aos seus colaboradores (cf. 1Tm 4,14; 2Tm 1,6-7). Estes, por sua vez, transmitiram-na com o mesmo gesto a outros, e estes sucessivamente a outros. Deste modo, o dom espiritual dos primórdios chegou até nós através da imposição das mãos, ou seja, da consagração episcopal, que confere a plenitude do sacramento da Ordem, o sumo sacerdócio, a totalidade do ministério sagrado. Assim, por meio dos Bispos e dos presbíteros que os assistem, o Senhor Jesus Cristo, embora sentado à direita de Deus Pai, continua a estar presente no meio dos crentes. Em todos os tempos e lugares, ele prega a palavra de Deus a todos os povos, administra os sacramentos da fé aos crentes e ao mesmo tempo guia o povo do Novo Testamento na sua peregrinação para a bem-aventurança eterna. O Bom Pastor não abandona o seu rebanho, mas guarda-o e protege-o sempre por meio daqueles que, em virtude da participação onto-

---

[2] Cf. *Contra as heresias*, III, 2, 2; 3, 1: *PG* 7, 847 e 848; *Propositio* 2.

lógica na sua vida e missão, desempenhando de modo eminente e visível a sua parte de mestre, pastor e sacerdote, agem em sua vez. No exercício das funções que o ministério pastoral comporta, são constituídos seus vigários e embaixadores.[3]

O fundamento trinitário do ministério episcopal

7. Vista em toda a sua profundidade, a dimensão cristológica do ministério pastoral introduz na compreensão do fundamento trinitário do mesmo. A vida de Cristo é trinitária: é o Filho eterno e unigênito do Pai e o ungido do Espírito Santo, enviado ao mundo; é ele, juntamente com o Pai, que envia o Espírito à Igreja. Esta dimensão trinitária, que sempre se manifesta no modo de ser e de agir de Cristo, plasma também o ser e o agir do Bispo. Por isso, justamente e de forma explícita quiseram os padres sinodais ilustrar a vida e o ministério do Bispo à luz da eclesiologia trinitária contida na doutrina do Concílio Vaticano II.

É muito antiga a tradição que apresenta o Bispo como imagem do Pai, o qual, segundo santo Inácio de Antioquia, é como que o Bispo invisível, o Bispo de todos. Por conseguinte, cada Bispo ocupa o lugar do Pai de Jesus Cristo, devendo, em virtude precisamen-

---

[3] Cf. Conc. Ecum. Vat. II, Const. dogm. sobre a Igreja *Lumen gentium*, nn. 21 e 27.

te daquele que representa, ser reverenciado por todos.[4] Em nome desta estrutura simbólica que, especialmente na tradição da Igreja do Oriente, evoca a autoridade paterna de Deus, a cátedra episcopal só pode ser ocupada pelo Bispo. Da mesma estrutura deriva, para cada Bispo, o dever de cuidar, com amor de pai, do povo santo de Deus e guiá-lo — juntamente com os presbíteros, colaboradores do Bispo no seu ministério, e com os diáconos — pelo caminho da salvação.[5] E vice-versa os fiéis, como adverte um texto antigo, devem amar os Bispos que são, depois de Deus, pais e mães.[6] Por isso, segundo costume existente em algumas culturas, beija-se a mão do Bispo como a do pai amoroso, dispensador de vida.

Cristo é o ícone original do Pai e a manifestação da sua presença misericordiosa entre os homens. O Bispo, agindo em lugar e nome de Cristo, torna-se, na Igreja a ele confiada, sinal vivo do Senhor Jesus, Pastor e Esposo, Mestre e Pontífice da Igreja.[7] Aqui está a fonte do ministério pastoral, pelo que — como sugere o esquema de homilia proposto pelo Pontifical Romano — a tríplice função de ensinar, santificar e

---

[4] Cf. *Carta aos Magnésios*, 6,1; *Carta aos Tralianos*, 3,1; *Carta aos Esmirnenses*, 8,1: *PG* 5, 764; 780; 852.

[5] Cf. Pontifical Romano, *Rito da Ordenação do Bispo*: Promessa do eleito.

[6] Cf. *Didascalia Apostolorum*, II, 33, 1: Ed. F. X. Funk, I, 115.

[7] Cf. *Propositio* 6.

governar o Povo de Deus deve ser exercida com os traços característicos do Bom Pastor: caridade, conhecimento do rebanho, solicitude por todos, ação misericordiosa pelos pobres, peregrinos e indigentes, busca das ovelhas perdidas para reconduzi-las ao único redil.

Finalmente, a unção do Espírito Santo, que configura o Bispo a Cristo, habilita-o a ser uma continuação viva do seu mistério em favor da Igreja. Por esta configuração trinitária do seu ser, cada Bispo no seu ministério tem a obrigação de vigiar amorosamente por todo o rebanho, no meio do qual é posto pelo Espírito para governar a Igreja de Deus: em nome do Pai de quem torna presente a imagem, em nome de Jesus Cristo seu Filho por quem é constituído mestre, sacerdote e pastor, e em nome do Espírito Santo que dá vida à Igreja e com a sua força ampara a debilidade humana.[8]

Caráter colegial do ministério episcopal

8. Com a citação evangélica "Jesus [...] constituiu Doze" (Mc 3,14), a constituição dogmática *Lumen gentium* introduz a doutrina sobre a índole colegial do grupo dos Doze, constituídos "em colégio ou grupo estável, dando-lhes como chefe a Pedro, escolhido

---

[8] Cf. Pontifical Romano, *Rito da Ordenação do Bispo*: Homilia proposta.

dentre eles".[9] De igual modo, através da sucessão pessoal do Bispo de Roma ao bem-aventurado Pedro e de todos os Bispos no seu conjunto aos Apóstolos, o Romano Pontífice e os Bispos estão unidos entre si como um Colégio.[10]

Esta união colegial entre os Bispos funda-se conjuntamente sobre a ordenação episcopal e a comunhão hierárquica; toca, pois, a profundidade do ser de cada Bispo e pertence à estrutura da Igreja como foi querida por Jesus Cristo. De fato, ele é constituído na plenitude do ministério episcopal pela consagração episcopal e pela comunhão hierárquica com a Cabeça do Colégio e com os membros, isto é, com o Colégio que sempre inclui a sua Cabeça. É desta forma que se torna membro do Colégio Episcopal,[11] pelo que as três funções recebidas na ordenação episcopal — santificar, ensinar e governar — devem ser exercidas em comunhão hierárquica, embora de modo distinto pela sua diversa finalidade imediata.[12]

---

[9] Cf. *Lumen gentium,* n. 19.

[10] Cf. Ibidem, n. 22; *Código de Direito Canônico*, cân. 330; *Código dos Cânones das Igrejas Orientais*, cân. 42.

[11] Cf. Conc. Ecum. Vat. II, Const. dogm. sobre a Igreja *Lumen gentium*, n. 22; *Código de Direito Canônico*, cân. 336; *Código dos Cânones das Igrejas Orientais*, cân. 49.

[12] Cf. *Propositio* 20; Conc. Ecum. Vat. II, Const. dogm. sobre a Igreja *Lumen gentium*, n. 21; *Código de Direito Canônico*, cân. 375-§ 2.

Isto constitui o chamado "afeto colegial" ou colegialidade afetiva, de que deriva a solicitude dos Bispos pelas outras Igrejas particulares e pela Igreja universal.[13] Ora, se se deve dizer que um Bispo nunca está só, enquanto permanece sempre unido ao Pai pelo Filho no Espírito Santo, há que acrescentar que ele nunca está só também porque se encontra sempre e continuamente unido com os seus Irmãos no episcopado e com aquele que o Senhor escolheu como sucessor de Pedro.

Este afeto colegial realiza-se e exprime-se segundo graus diversos em vários modos, mesmo institucionalizados, tais como, por exemplo, o Sínodo dos Bispos, os Concílios particulares, as Conferências dos Bispos, a Cúria Romana, as Visitas *ad limina*, a colaboração missionária etc. Porém, o afeto colegial só se realiza e exprime, de modo pleno, na ação colegial em sentido estrito, isto é, na ação de todos os Bispos unidos com a sua Cabeça pela qual exercem o poder pleno e supremo sobre toda a Igreja.[14]

---

[13] Cf. Conc. Ecum. Vat. II, Const. dogm. sobre a Igreja *Lumen gentium*, n. 23; Decr. sobre o múnus pastoral dos Bispos na Igreja *Christus Dominus*, nn. 3, 5 e 6; João Paulo II, Motu proprio *Apostolos suos* (21 de maio de 1998), 13: *AAS* 90 (1998), 650-651.

[14] Cf. João Paulo II, Const. ap. *Pastor Bonus* (28 de junho de 1988), Apêndice I, 4: *AAS* 80 (1988), 914-915; Conc. Ecum. Vat. II, Const. dogm. sobre a Igreja *Lumen gentium*, n. 22; *Código de Direito Canônico*, cân. 337-§§ 1 e 2; *Código dos Cânones das Igrejas Orientais*, cân. 50-§§ 1 e 2.

Esta natureza colegial do ministério apostólico é querida pelo próprio Cristo. Por isso, o afeto colegial ou colegialidade afetiva (*collegialitas affectiva*) vigora sempre entre os Bispos como *communio episcoporum*, mas é só em alguns atos que se exprime como colegialidade efetiva (*collegialitas effectiva*). Os diversos modos de a colegialidade afetiva se realizar em colegialidade efetiva são de ordem humana, mas concretizam em graus diversos a exigência divina de que o episcopado se exprima de modo colegial.[15] Nos concílios ecumênicos, por sua vez, o poder supremo do Colégio sobre toda a Igreja é exercido de modo solene.[16]

A dimensão colegial dá ao episcopado o caráter de universalidade. Assim é possível estabelecer um paralelismo entre a Igreja una e universal, e por conseguinte indivisível, e o episcopado uno e indivisível, e conseqüentemente universal. Princípio e fundamento desta unidade, tanto da Igreja como do Colégio dos Bispos, é o Romano Pontífice. De fato, como ensina o Concílio Vaticano II, o Colégio, "enquanto composto por muitos, exprime a variedade e a universalidade do

---

[15] Cf. João Paulo II, Alocução no encerramento da VII Assembléia Geral Ordinária do Sínodo dos Bispos (29 de outubro de 1987), 4: *AAS* 80 (1988), 610; Const. ap. *Pastor Bonus* (28 de junho de 1988), Apêndice I: *AAS* 80 (1988), 915-916; Conc. Ecum. Vat. II, Const. dogm. sobre a Igreja *Lumen gentium*, n. 22.

[16] Cf. Conc. Ecum. Vat. II, Const. dogm. sobre a Igreja *Lumen gentium*, n. 22.

Povo de Deus e, enquanto reunido sob uma só cabeça, revela a unidade do redil de Cristo".[17] Por isso, a "unidade do episcopado é um dos elementos constitutivos da unidade da Igreja".[18]

A Igreja universal não é a soma das Igrejas particulares, nem uma federação das mesmas, nem sequer o resultado da sua comunhão, uma vez que no seu mistério essencial, segundo afirmações de antigos Padres e da liturgia, ela antecede a própria criação.[19] À luz desta doutrina, é possível acrescentar que a relação de mútua interioridade — que vigora entre a Igreja universal e a Igreja particular, pela qual as Igrejas particulares são "formadas à imagem da Igreja universal, das quais e pelas quais existe a Igreja católica una e única"[20] —, reproduz-se na relação entre o Colégio Episcopal na sua totalidade e cada um dos Bispos. Por isso, "o Colégio Episcopal não há de ser considerado como a soma dos Bispos postos à frente das

---

[17] Ibidem, n. 22.

[18] João Paulo II, Motu proprio *Apostolos suos* (21 de maio de 1998), n. 8: *AAS* 90 (1998), 647.

[19] Cf. Sacramentário de Angoulême, *In dedicatione basilicae novae*: "*Dirige, Domine, ecclesiam tuam dispensatione coelesti, ut quae ante mundi principium in tua semper est praesentia praeparata, usque ad plenitudinem gloriamque promissam te moderante perveniat*": *CCSL* 159/C, rubr. 1851; *Catecismo da Igreja Católica*, 758-760; Congr. para a Doutrina da Fé, Carta *Communionis notio* (28 de maio de 1992), 9: *AAS* 85 (1993), 843.

[20] Conc. Ecum. Vat. II, Const. dogm. sobre a Igreja *Lumen gentium*, n. 23.

Igrejas particulares, nem o resultado da sua comunhão, mas, enquanto elemento essencial da Igreja universal, é uma realidade prévia ao múnus de presidência da Igreja particular".[21]

Podemos compreender melhor este paralelismo entre a Igreja universal e o Colégio dos Bispos à luz da seguinte afirmação do Concílio Vaticano II: "Os Apóstolos foram a semente do novo Israel e ao mesmo tempo a origem da sagrada hierarquia".[22] Nos Apóstolos considerados, não individualmente, mas enquanto Colégio, estava contida a estrutura da Igreja — que neles estava constituída na sua universalidade e unidade — e do Colégio dos Bispos seus sucessores, sinal desta universalidade e unidade.[23]

Por isso, "o poder do Colégio Episcopal sobre toda a Igreja não é constituído pela soma dos poderes que os diversos Bispos detêm sobre as suas Igrejas particulares; aquele é uma realidade anterior da qual participam os Bispos, que não podem agir sobre a Igreja inteira senão colegialmente".[24] Neste poder de ensinar e governar, os Bispos participam solidariamente

---

[21] João Paulo II, Motu proprio *Apostolos suos* (21 de maio de 1998), 12: *AAS* 90 (1998), 649-650.

[22] Decr. sobre a atividade missionária da Igreja *Ad gentes,* n. 5.

[23] Cf. Conc. Ecum. Vat. II, Const. dogm. sobre a Igreja *Lumen gentium*, 22.

[24] João Paulo II, Motu proprio *Apostolos suos* (21 de maio de 1998), n. 12: *AAS* 90 (1998), 650.

de modo imediato pelo fato mesmo de serem membros do Colégio Episcopal, no qual realmente perdura o Colégio Apostólico.[25]

Tal como a Igreja universal é una e indivisível, assim também o Colégio Episcopal é um "sujeito teológico indivisível" e, conseqüentemente, também o poder supremo, pleno e universal de que é sujeito o Colégio — como o é o Romano Pontífice pessoalmente — é uno e indivisível. Exatamente porque o Colégio Episcopal é uma realidade prévia ao cargo de presidência da Igreja particular, há muitos Bispos que, embora exerçam tarefas propriamente episcopais, não estão à frente duma Igreja particular.[26] Cada Bispo — sempre em união com todos os Irmãos no episcopado e com o Romano Pontífice — representa Cristo, Cabeça e Pastor da Igreja: representa-o não só de modo próprio e específico, quando recebe o cargo de pastor duma Igreja particular, mas também quando colabora com o Bispo diocesano no governo da sua Igreja[27] ou então participa no múnus de pastor universal do Romano Pontífice no governo da Igreja universal. Ciente do fato que ao longo da sua história a Igreja, além da

---

[25] Cf. Conc. Ecum. Vat. II, Const. dogm. sobre a Igreja *Lumen gentium*, n. 22.

[26] Cf. João Paulo II, Motu proprio *Apostolos suos* (21 de maio de 1998), n. 12: *AAS* 90 (1998), 649-650.

[27] Cf. Conc. Ecum. Vat. II, Decr. sobre o múnus pastoral dos Bispos na Igreja *Christus Dominus*, nn. 25-26.

forma específica da presidência duma Igreja particular, reconheceu ainda outras formas de exercício do ministério episcopal, tais como a de Bispo Auxiliar ou de representante do Romano Pontífice nos dicastérios da Santa Sé ou nas Legações pontifícias, também hoje admite, nos termos do direito, tais formas quando se tornam necessárias.[28]

Índole missionária e unitária do ministério episcopal

9. O evangelho de Lucas refere que Jesus deu aos Doze o nome de *Apóstolos*, que literalmente significa enviados, mandados (cf. 6,13). No evangelho de Marcos, diz-se ainda que Jesus constituiu os Doze também "para os enviar a pregar" (3,14). Isto significa que a eleição e a constituição dos Doze como Apóstolos tem por objetivo a missão. O seu primeiro envio (cf. Mt 10,5; Mc 6,7; Lc 9,1-2) encontra a sua plenitude na missão que Jesus lhes confia, depois da ressurreição, no momento da ascensão ao Céu. São palavras que conservam toda a sua atualidade: "Foi-me dado todo o poder no céu e na terra: Ide, pois, ensinai todas as nações, batizando-as em nome do Pai, do Filho e do Espírito Santo, ensinando-as a cumprir tudo quanto vos tenho mandado. E eu estarei sempre convosco até

[28] Cf. *Propositio 33*.

o fim do mundo" (Mt 28,18-20). Esta missão apostólica teve a sua solene confirmação no dia de Pentecostes com a efusão do Espírito Santo.

No texto agora transcrito do evangelho de Mateus, todo o ministério pastoral pode ser visto como que articulado segundo a tríplice função de ensinamento, santificação e guia. Vemos aqui um reflexo da tríplice dimensão do serviço e da missão de Cristo. Com efeito nós, como cristãos e — de maneira qualitativamente nova — como sacerdotes, participamos na missão do nosso Mestre, que é Profeta, Sacerdote e Rei, e somos chamados a prestar-lhe um testemunho peculiar na Igreja e diante do mundo.

Estas três funções (*triplex munus*) e os poderes delas derivados exprimem, no plano da ação, o ministério pastoral (*munus pastorale*) que cada Bispo recebe com a consagração episcopal. É o próprio amor de Cristo, comunicado na consagração, que se concretiza no anúncio da Boa-Nova da esperança a todas as nações (cf. Lc 4,16-19), na administração dos sacramentos a quem acolhe a salvação e na condução do Povo santo para a vida eterna. Trata-se efetivamente de funções intimamente ligadas entre si, que reciprocamente se explicam, condicionam e iluminam.[29]

---

[29] Cf. Conc. Ecum. Vat. II, Const. dogm. sobre a Igreja *Lumen gentium*, nn. 21 e 27; João Paulo II, Carta aos Sacerdotes (8 de abril de 1979), n. 3: *AAS* 71 (1979), 397.

Por isso mesmo, o Bispo, quando ensina, ao mesmo tempo santifica e governa o Povo de Deus; enquanto santifica, também ensina e governa; quando governa, também ensina e santifica. Santo Agostinho define a totalidade deste ministério episcopal como *amoris officium*.[30] Isto cria a certeza de que na Igreja nunca virá a faltar a caridade pastoral de Jesus Cristo.

"Chamou os que ele quis" (Mc 3,13)

10. Uma grande multidão seguia Jesus, quando ele decidiu subir ao monte e chamar para junto de si os Apóstolos. Muitos eram os discípulos, mas escolheu somente Doze deles para a tarefa específica de Apóstolos (cf. Mc 3,13-19). Na aula sinodal, muitas vezes ecoou o dito de santo Agostinho: "Para vós sou Bispo, convosco sou cristão".[31]

Dom oferecido pelo Espírito à Igreja, o Bispo por um lado é, antes de tudo e como qualquer outro cristão, filho e membro da Igreja. Desta santa Mãe, recebeu ele o dom da vida divina no sacramento do Batismo e a primeira iniciação na fé. Com todos os outros fiéis, partilha a dignidade insuperável de filho de Deus, que há de ser vivida na comunhão e em espí-

---

[30] Cf. *In evangelium Johannis tractatus,* 123, 5: *PL* 35, 1967.

[31] *Sermo* 340, 1: *PL* 38, 1483: *Vobis enim sum episcopus; vobiscum sum christianus.*

rito de grata fraternidade. Por outro lado o Bispo, em virtude da plenitude do sacramento da Ordem, é, diante dos fiéis, mestre, santificador e pastor, encarregado de agir em nome e vez de Cristo.

É claro que não se trata de duas realidades simplesmente sobrepostas, mas íntima e reciprocamente relacionadas, ordenadas uma para outra, porque ambas haurem da riqueza de Cristo, único e sumo sacerdote. O Bispo torna-se "pai", exatamente porque é plenamente "filho" da Igreja. Isto nos leva a considerar a relação entre sacerdócio comum dos fiéis e sacerdócio ministerial: dois modos de participação no único sacerdócio de Cristo, no qual estão presentes duas dimensões que se unem no ato supremo do sacrifício da cruz.

Isto vai refletir-se na relação que vigora entre o sacerdócio comum e o sacerdócio ministerial na Igreja. É que embora se diferenciem essencialmente entre si, o fato de estarem mutuamente orientados um para o outro[32] cria uma reciprocidade que estrutura harmoniosamente a vida da Igreja, como lugar de atualização histórica da salvação realizada por Cristo. Tal reciprocidade encontra-se precisamente na pessoa do Bispo, que é e permanece um batizado mas constituído no sumo sacerdócio. Esta realidade mais profunda

---

[32] Cf. Conc. Ecum. Vat. II, Const. dogm. sobre a Igreja *Lumen gentium*, n. 10.

do Bispo é o fundamento do seu "estar entre" os outros fiéis e estar "perante" eles.

Assim no-lo recorda o Concílio Vaticano II num belo texto: "Portanto, ainda que, na Igreja, nem todos sigam pelo mesmo caminho, todos são, contudo, chamados à santidade, e a todos coube a mesma fé pela justiça de Deus (cf. 2Pd 1,1). Ainda que, por vontade de Cristo, alguns são constituídos doutores, dispensadores dos mistérios e pastores em favor dos demais, reina, porém, igualdade entre todos quanto à dignidade e quanto à atuação, comum a todos os fiéis, em favor da edificação do corpo de Cristo. A distinção que o Senhor estabeleceu entre os ministros sagrados e o restante Povo de Deus, contribui para a união, já que os pastores e os demais fiéis estão ligados uns aos outros por uma vinculação comum: os pastores da Igreja, imitando o exemplo do Senhor, prestem serviço uns aos outros e aos fiéis; e estes dêem alegremente a sua colaboração aos pastores e doutores".[33]

O ministério pastoral recebido na consagração, que põe o Bispo "perante" os outros fiéis, exprime-se num "ser para" os outros fiéis, que não o desenraíza do seu "estar com" eles. Isto vale quer para a sua santificação pessoal, que há de procurar e realizar no exer-

---

[33] Ibidem, n. 32.

cício do seu ministério, quer para o estilo de atuação do próprio ministério em todas as funções em que se concretiza.

A reciprocidade, que existe entre sacerdócio comum dos fiéis e sacerdócio ministerial e se encontra no próprio ministério episcopal, manifesta-se numa espécie de "circularidade" entre as duas formas de sacerdócio: circularidade entre o testemunho de fé de todos os fiéis e o testemunho de fé autêntica do Bispo nos seus atos magisteriais; circularidade entre a vida santa dos fiéis e os meios de santificação que o Bispo lhes oferece; por último, circularidade entre a responsabilidade pessoal do Bispo pelo bem da Igreja a ele confiada e a co-responsabilidade de todos os fiéis relativamente ao bem da mesma.

Capítulo II
A VIDA ESPIRITUAL DO BISPO
Constituiu Doze para andarem com ele (Mc 3,14).

11. Pelo mesmo ato de amor com que livremente os constituiu Apóstolos, Jesus chama os Doze a compartilhar a sua própria vida. Também esta partilha, que é comunhão de sentimentos e desejos, é uma exigência inscrita na participação deles na própria missão de Cristo. Não se devem reduzir as funções do Bispo a uma tarefa meramente organizacional. Precisamente para evitar este risco, tanto os documentos preparatórios do Sínodo como muitas intervenções na assembléia dos padres sinodais insistiram sobre o que comporta, na vida pessoal do Bispo e no exercício do ministério que lhe está confiado, a realidade do episcopado como plenitude do sacramento da Ordem, nos seus fundamentos teológicos, cristológicos e pneumatológicos.

À santificação objetiva, que por obra de Cristo tem lugar no sacramento mediante a comunicação do Espírito, deve corresponder a santidade subjetiva, na qual o Bispo, com o apoio da graça, há de crescer cada vez mais através do exercício do ministério. A transformação ontológica realizada pela consagração como conformação a Cristo, requer um estilo de vida que manifeste o "andar com ele". Por isso, na aula do Sínodo, várias vezes se insistiu sobre a caridade pastoral como fruto quer do caráter impresso pelo sacramento quer da graça própria deste. Lá se disse que a caridade é como a alma do ministério do Bispo, que fica envolvido num dinamismo de *pro-existentia* pastoral, que o impele a viver, como Cristo Bom Pastor, *para* o Pai e *para* os outros, na entrega diária de si mesmo.

É sobretudo no exercício do seu ministério, inspirado pela imitação da caridade do Bom Pastor, que o Bispo é chamado a santificar-se e a santificar, tendo como princípio unificador a contemplação do rosto de Cristo e o anúncio do evangelho da salvação.[1] Por conseguinte, a sua espiritualidade recebe orientações e estímulos, por um lado, dos sacramentos do Batismo e da Confirmação e, por outro, da própria Ordenação episcopal que o empenha a viver, na fé, na esperança e na caridade, o seu ministério de evangelizador, liturgista e guia da comunidade. E assim a espiritualidade do Bispo há de ser também uma *espiritualidade eclesial*, porque tudo na sua vida está orientado para a amorosa edificação da Santa Igreja.

---

[1] Cf. *Propositio 8.*

Isto exige no Bispo uma atitude de serviço marcada por força de ânimo, coragem apostólica e confiante abandono à ação interior do Espírito. Portanto, esforçar-se-á por assumir um estilo de vida em que imite a *kénosis* de Cristo servo, pobre e humilde, de modo que o exercício do ministério pastoral seja nele um reflexo coerente de Jesus, Servo de Deus, e o leve a aproximar-se como ele de todos, do maior ao mais pequeno. Enfim, verifica-se mais uma vez, numa espécie de reciprocidade, que o exercício fiel e amoroso do ministério santifica o Bispo e torna-o, no plano subjetivo, cada vez mais conforme à riqueza ontológica de santidade que o sacramento nele colocou.

No entanto, a santidade pessoal do Bispo não se limita apenas ao nível subjetivo, já que, na sua eficácia, reverte sempre em benefício dos fiéis confiados à sua solicitude pastoral. Na prática da caridade, enquanto conteúdo do ministério pastoral recebido, o Bispo torna-se sinal de Cristo e adquire aquela credibilidade moral de que precisa o exercício da autoridade jurídica para poder incidir eficazmente sobre o ambiente. De fato, se o múnus episcopal não assenta sobre o testemunho da santidade manifestada na caridade pastoral, na humildade e na simplicidade de vida, acaba por se reduzir a um papel quase só funcional e perde inevitavelmente credibilidade junto do clero e dos fiéis.

Vocação à santidade na Igreja do nosso tempo

12. Uma imagem bíblica, que parece particularmente adequada para ilustrar a figura do Bispo como amigo de Deus, pastor e guia do povo, é a figura de Moisés. Fixando-o, o Bispo pode tirar inspiração do seu ser e agir de pastor, escolhido e enviado pelo Senhor, seguindo corajosamente à frente do seu povo a caminho da terra prometida, intérprete fiel da palavra e da lei do Deus vivo, mediador da Aliança, insistente e confiante na oração pela sua gente. Tal como Moisés que, depois do colóquio com o Senhor na montanha santa, voltou para o meio do seu povo com o rosto resplandecente (cf. Ex 34,29-30), assim também o Bispo só poderá mostrar entre os seus irmãos os sinais de ser pai, irmão e amigo, se tiver entrado na nuvem obscura e luminosa do mistério do Pai, do Filho e do Espírito Santo. Iluminado pela luz da Santíssima Trindade, o Bispo será sinal da bondade misericordiosa do Pai, imagem viva da caridade do Filho, transparência humana do Espírito, consagrado e enviado para guiar o Povo de Deus pelas sendas do tempo na sua peregrinação para a eternidade.

Os padres sinodais puseram em evidência a importância do empenho espiritual na vida, no ministério e no caminho do Bispo. Eu próprio assinalei esta prioridade em sintonia com as exigências da vida da Igreja e o apelo do Espírito Santo, que nestes anos tem recordado a todos o primado da graça, a generalizada exigência de espiritualidade, a urgência de testemunhar a santidade.

O apelo à espiritualidade deriva da referência à ação do Espírito Santo na história da salvação. Esta sua presença é ativa e dinâmica, profética e missionária. O dom da plenitude do Espírito Santo, que o Bispo recebe na Ordenação Episcopal, é um significativo e premente apelo para favorecer a ação dele na comunhão eclesial e na missão universal.

Celebrada depois do Grande Jubileu do ano 2000, a assembléia sinodal assumiu desde o início o projeto duma vida santa, que eu mesmo indiquei à Igreja inteira: "O horizonte para que deve tender todo o caminho pastoral é a santidade. (...) Terminado o Jubileu, volta-se ao caminho ordinário, mas apontar a santidade permanece de forma mais evidente uma urgência da pastoral".[2] A recepção entusiasta e generosa deste meu apelo para se colocar em primeiro lugar a vocação à santidade foi a atmosfera em que se desenrolaram os trabalhos sinodais e o clima que, de certa forma, unificou as intervenções e reflexões dos padres participantes. Estes sentiam ecoar nos seus corações a seguinte advertência de são Gregório Nazian-

---

[2] Carta ap. *Novo millennio ineunte* (6 de janeiro de 2001), n. 30: *AAS* 93 (2001), 287.

zeno: "Temos de começar por nos purificar, antes de purificarmos os outros; temos de ser instruídos, para podermos instruir; temos de nos tornar luz para alumiar, de nos aproximar de Deus para podermos aproximar dele os outros, ser santos para santificar".[3]

Por este motivo, várias vezes ressoou, na assembléia sinodal, o convite a individuar com clareza a especificidade "episcopal" o caminho de santidade do Bispo. Esta terá de ser sempre uma santidade vivida com o povo e para o povo, numa comunhão que se torne estímulo e mútua edificação na caridade. E não se trata de exigências secundárias ou marginais; de fato, é precisamente a vida espiritual do Bispo que favorece a fecundidade da sua obra pastoral. Porventura não é na meditação assídua do mistério de Cristo, na contemplação apaixonada do seu rosto, na imitação generosa da vida do Bom Pastor que se encontra o fundamento de qualquer pastoral eficaz? Se é verdade que o nosso tempo se caracteriza por contínuo movimento e freqüente agitação, com o risco de cair-se facilmente no "fazer por fazer", então o Bispo deve ser o primeiro a mostrar, com o exemplo da sua vida, que é preciso restabelecer o primado do "ser" sobre o "fazer" e, mais ainda, o *primado da graça*, que, segundo a perspectiva

---

[3] *Discurso* II, 71: *PG* 35, 479.

cristã da vida, é também princípio essencial para uma "programação" do ministério pastoral.[4]

O caminho espiritual do Bispo

13. Um Bispo só pode considerar-se verdadeiro ministro da comunhão e da esperança para o povo santo de Deus, quando caminhar na presença do Senhor. Na realidade, não é possível estar ao serviço dos homens, sem primeiro serem "servos de Deus". E não podem ser servos de Deus, se não forem "homens de Deus". Por isso, na homilia da abertura do Sínodo, afirmei: "O Pastor deve ser homem de Deus; a sua vida e o seu ministério estão inteiramente sob a sua glória divina, recebendo luz e vigor do mistério sublime de Deus".[5]

Para o Bispo, a vocação à santidade está inscrita no próprio acontecimento sacramental que deu origem ao seu ministério, ou seja, a Ordenação Episcopal. O antigo *Eucológio de Serapião* formula a invocação ritual da consagração nestes termos: "Deus de verdade, fazei do vosso servidor um Bispo vigoroso, um Bispo santo na sucessão dos santos Apóstolos".[6] Todavia, dado que a Ordenação Episcopal não infunde a perfei-

---

[4] Cf. João Paulo II, Carta ap. *Novo millennio ineunte* (6 de janeiro de 2001), nn. 15 e 31: *AAS* 93 (2001), 276 e 288.

[5] N. 5: *AAS* 94 (2002), 111.

[6] *Sacramentarium Serapionis*, 28: Ed. F. X. Funk, II, 191.

ção das virtudes, "o Bispo é chamado a prosseguir o seu caminho de perfeição com maior intensidade para chegar à estatura de Cristo, Homem perfeito".[7]

A própria índole cristológica e trinitária do seu mistério e ministério exige do Bispo um caminho de santidade, que consiste no crescimento incessante para uma maturidade espiritual e apostólica cada vez mais profunda, marcada pelo primado da caridade pastoral; caminho este vivido evidentemente em união com o seu povo, num itinerário que é simultaneamente pessoal e comunitário à semelhança da própria vida da Igreja. Mas neste caminho, o Bispo torna-se, em íntima comunhão com Cristo e atenta docilidade ao Espírito, testemunha, modelo, promotor e animador. Assim o exprime também a lei canônica: "O Bispo diocesano, lembrado da obrigação que tem de dar exemplo de santidade na caridade, humildade e simplicidade de vida, esforce-se com todo o empenho por promover a santidade, segundo a vocação própria de cada um, e já que é o principal dispensador dos mistérios de Deus, empenhe-se sempre em que os fiéis confiados aos seus cuidados cresçam na graça pela celebração dos sacramentos e conheçam e vivam o mistério pascal".[8]

---

[7] João Paulo II, Homilia na Missa de abertura da X Assembléia Geral Ordinária do Sínodo dos Bispos (30 de setembro de 2001), 5: *AAS* 94 (2002), 111.

[8] *Código de Direito Canônico*, cân. 387; cf. *Código dos Cânones das Igrejas Orientais*, cân. 197.

O caminho espiritual do Bispo, como aliás o de todo o fiel cristão, tem sem dúvida a sua raiz na graça sacramental do Batismo e da Confirmação. Esta graça irmana-o com todos os fiéis, pois, como observa o Concílio Vaticano II, "os cristãos de qualquer estado ou ordem são chamados à plenitude da vida cristã e à perfeição da caridade".[9] Aqui se aplica de modo especial a afirmação bem conhecida de santo Agostinho, cheia de realismo e sabedoria sobrenatural: "Atemoriza-me o que sou para vós; consola-me o que sou convosco. Pois para vós sou Bispo; convosco sou cristão. Aquilo é um dever; isto, uma graça. O primeiro é um perigo; o segundo, salvação".[10] Em virtude da caridade pastoral, porém, o encargo torna-se serviço, e o perigo transforma-se em oportunidade de crescimento e maturação. O ministério episcopal não é fonte de santidade apenas para os outros, mas é já motivo de santificação para aquele que deixa passar, através do próprio coração e vida, a caridade de Deus.

Os padres sinodais compendiaram algumas exigências deste caminho. Antes de mais nada, recordaram o caráter batismal e crismal que, desde o princípio da existência cristã e por meio das virtudes teologais, torna capaz de acreditar em Deus, esperar

---

[9] Const. dogm. sobre a Igreja *Lumen gentium*, n. 40.

[10] *Sermo* 340, 1: *PL* 38, 1483.

nele e amá-lo. O Espírito Santo, por sua vez, infunde os seus dons, favorecendo o crescimento no bem mediante o exercício das virtudes morais que concretizam, também em nível humano, a vida espiritual.[11] Em virtude do Batismo recebido, o Bispo, como todo cristão, participa da espiritualidade que se baseia na incorporação em Cristo e se exprime em segui-lo segundo o Evangelho. Por isso, partilha a vocação de todos os fiéis à santidade. Conseqüentemente deve cultivar uma vida de oração e fé profunda, colocando em Deus toda a sua confiança, dando testemunho do Evangelho em dócil obediência às sugestões do Espírito Santo e conservando uma particular e filial devoção à Virgem Maria, que é mestra perfeita de vida espiritual.[12]

Deste modo, a espiritualidade do Bispo há de ser uma espiritualidade de comunhão vivida em sintonia com todos os outros batizados, filhos juntamente com ele do único Pai no céu e da única Mãe na terra, a santa Igreja. Como todos os crentes em Cristo, ele tem necessidade de nutrir a sua vida espiritual com a palavra viva e eficaz do Evangelho e com o pão vivo da sagrada Eucaristia, alimento de vida eterna. Devido à sua fragilidade humana, também o Bispo é cha-

---

[11] Cf. *Catecismo da Igreja Católica*, nn. 1804 e 1839.

[12] Cf. *Propositio* 7.

mado a recorrer, com freqüência e ritmo regular, ao sacramento da Penitência para obter o dom daquela misericórdia de que foi feito ministro também. Assim, consciente da sua fraqueza humana e dos próprios pecados, cada Bispo, juntamente com os seus sacerdotes, viva antes de mais nada em proveito próprio o sacramento da Reconciliação, como uma exigência profunda e uma graça incessantemente almejada, para dar novo impulso ao próprio empenho de santificação no exercício do ministério. Deste modo, ele exprime, visivelmente também, o mistério duma Igreja em si mesma santa, mas composta também de pecadores necessitados de ser perdoados.

Unido a todos os sacerdotes, mas obviamente em especial comunhão com os sacerdotes do presbitério diocesano, o Bispo esforçar-se-á por percorrer um caminho específico de espiritualidade. Na realidade, é chamado à santidade ainda por um novo título, que deriva das Ordens Sacras. Por isso, o Bispo vive de fé, esperança e caridade, enquanto é ministro da palavra do Senhor, da santificação e do progresso espiritual do Povo de Deus. Deve ser santo, porque tem de servir a Igreja como mestre, santificador e guia. Enquanto tal, deve também amar profunda e intensamente a Igreja. Todo Bispo é configurado a Cristo para amar a Igreja com o amor de Cristo esposo, e para ser ministro da sua unidade na Igreja, isto é, para fazer da Igreja "um povo unido pela unidade do Pai e do Filho e do Espírito Santo".[13]

A espiritualidade específica do Bispo, como diversas vezes assinalaram os padres sinodais, fica ainda mais enriquecida com o suplemento de graça inerente à plenitude do sacerdócio que lhe é conferida no momento da Ordenação. Enquanto pastor do rebanho e servidor do Evangelho de Jesus Cristo na esperança, o Bispo deve espelhar e quase fazer transparecer em si mesmo a própria pessoa de Cristo, Pastor supremo. No Pontifical Romano, este dever é explicitamente referido nos seguintes termos: "Recebe a mitra e brilhe em ti o esplendor da santidade, para que, ao aparecer o Príncipe dos pastores, mereças receber a coroa imperecível da glória".[14]

Por isso, o Bispo tem necessidade constante da graça de Deus, que reforça e aperfeiçoa a sua natureza humana. Ele pode afirmar com o apóstolo Paulo: "A nossa capacidade vem de Deus. Ele é que nos fez capazes de sermos ministros de uma nova aliança" (2Cor 3,5-6). Há, pois, que sublinhá-lo: o ministério apostólico é uma fonte de espiritualidade para o Bispo, que daí deve haurir os recursos espirituais que o façam cres-

---

[13] São Cipriano, *De oratione dominica*, 23: *PL* 4, 535; cf. Conc. Ecum. Vat. II, Const. dogm. sobre a Igreja *Lumen gentium*, n. 4.

[14] *Rito da Ordenação do Bispo*: Entrega da mitra.

cer na santidade e lhe permitam descobrir a ação do Espírito Santo no Povo de Deus confiado às suas solicitudes pastorais.[15]

Nesta perspectiva, o caminho espiritual do Bispo coincide com a própria caridade pastoral, que justamente deve ser considerada a alma do seu apostolado, tal como o é também do apostolado do presbítero e do diácono. Não se trata apenas de uma *existentia*, mas de uma *pro-existentia*, isto é, de uma vida que se inspira no modelo supremo, Cristo Senhor, consumando-se inteiramente na adoração do Pai e no serviço dos irmãos. A este propósito, afirma justamente o Concílio Vaticano II que os pastores, à imagem de Cristo, hão de desempenhar santa e zelosamente, com humildade e fortaleza, o próprio ministério, o qual, "assim cumprido, também para eles será um sublime meio de santificação".[16] Nenhum Bispo pode ignorar que, no vértice da santidade, permanece Cristo Crucificado em sua suprema doação ao Pai e aos irmãos no Espírito Santo. Por isso, a configuração a Cristo e a participação nos seus sofrimentos (cf. 1Pd 4,15) torna-se a estrada mestra da santidade do Bispo no meio do seu povo.

---

[15] Cf. *Propositio* 7.

[16] Const. dogm. sobre a Igreja *Lumen gentium*, n. 41.

Maria, Mãe da esperança e mestra de vida espiritual

14. Há de servir de sustentáculo à vida espiritual do Bispo também a presença materna da Virgem Maria, invocada pela Igreja como *Mater spei et spes nostra*. Assim, o Bispo acalentará uma devoção autêntica e filial a Maria, sentindo-se chamado a assumir o seu *fiat*, a viver e atualizar em cada dia a entrega que Jesus fez de Maria, quando ela estava de pé junto à Cruz, ao Discípulo e do Discípulo amado a Maria (cf. Jo 19,26-27). De igual modo, o Bispo é chamado a reproduzir a oração unânime e perseverante dos discípulos e apóstolos do Filho com a Virgem Mãe, quando se preparavam para o Pentecostes. Neste ícone da Igreja nascente, exprime-se o vínculo indissolúvel entre Maria e os sucessores dos Apóstolos (cf. At 1,14).

Por conseguinte, o Bispo encontrará na santa Mãe de Deus uma mestra na escuta e cumprimento solícito da Palavra de Deus, no discipulado fiel ao único Mestre, na firmeza da fé, na esperança jubilosa e na ardente caridade. À semelhança de Maria, "memória" da encarnação do Verbo na primeira comunidade cristã, o Bispo será guardião e transmissor da Tradição viva da Igreja, em comunhão com todos os outros Bispos, em união e sob a autoridade do Sucessor de Pedro.

A sólida devoção mariana do Bispo adotará como referência constante a Liturgia, onde a Virgem tem uma presença particular na celebração dos mistérios da salvação e é, para toda a Igreja, modelo exemplar de escuta e de oração, de oferta e de maternidade espiritual. Mais ainda, será missão do Bispo fazer com que a Liturgia se revele sempre "como "forma exemplar", fonte de inspiração, ponto constante de referência e meta última" para a piedade mariana do Povo de Deus.[17] Sem negar este princípio, o Bispo alimentará a sua piedade mariana, pessoal e comunitária, também com as práticas de piedade aprovadas e recomendadas pela Igreja, especialmente com a reza daquele compêndio do Evangelho que é o santo Rosário. Experimentado nesta oração, toda ela centrada na contemplação dos fatos salvíficos da vida de Cristo, a que esteve intimamente associada a sua santa Mãe, cada Bispo é convidado a ser também solícito promotor da mesma.[18]

---

[17] Congr. para o Culto Divino e a Disciplina dos Sacramentos, *Diretório sobre Piedade Popular e Liturgia. Princípios e orientações*. São Paulo, Paulinas, 2003.

[18] Cf. João Paulo II, Carta ap. *Rosarium Virginis Mariae* (16 de outubro de 2002), n. 43: *AAS* 95 (2003), 35-36.

Confiar-se à Palavra

15. A assembléia do Sínodo dos Bispos indicou alguns meios necessários para alimentar e fazer crescer a própria vida espiritual.[19] Entre eles, ocupa o primeiro lugar a leitura e a meditação da Palavra de Deus. Cada Bispo deverá sempre confiar-se, e sentir-se tal, "a Deus e à palavra da sua graça que tem o poder de construir o edifício e de conceder parte na herança com todos os santificados" (At 20,32). Por isso, antes de ser transmissor da Palavra, o Bispo, com os seus sacerdotes e como qualquer fiel, antes como a própria Igreja,[20] deve ser ouvinte da Palavra. Deve de certo modo estar "dentro" da Palavra, para deixar-se guardar e nutrir dela como de um ventre materno. O Bispo repete com santo Inácio de Antioquia: "Confio no Evangelho como na Carne de Cristo".[21] Por isso, cada Bispo recorde-se sempre da conhecida advertência de são Jerônimo, retomada aliás pelo Concílio Vaticano II: "A ignorância das Escrituras é ignorância de Cristo".[22] Com efeito, não há primado da santidade sem escuta da Palavra de Deus, que é guia e alimento da santidade.

---

[19] Cf. *Propositio* 8.

[20] Cf. Paulo VI, Exort. ap. *Evangelii nuntiandi* (8 de dezembro de 1975), n. 59: *AAS* 68 (1976), 50.

[21] *Carta aos Filadélfios*, 5: *PG* 5, 700.

[22] *Commentariorum in Isaiam*, Prol: *PL* 24, 17; cf. Conc. Ecum. Vat. II, Const. dogm. sobre a divina revelação *Dei Verbum*, n. 25.

Confiar-se à Palavra de Deus e guardá-la, como a Virgem Maria que foi *Virgo audiens*,[23] comporta pôr em prática alguns auxílios que a tradição e a experiência espiritual da Igreja nunca deixaram de sugerir. Trata-se, em primeiro lugar, da leitura pessoal freqüente e do estudo atento e assíduo da Sagrada Escritura. Um Bispo será externamente vão pregador da Palavra, se primeiro não a tiver ouvido dentro.[24] Sem o contato freqüente com a Sagrada Escritura, seria também ministro pouco credível da esperança, se é verdade — como recorda são Paulo — que, "pela constância e consolação que provêm das Escrituras, possuímos a esperança" (Rm 15,4). Permanece válido, portanto, o que escreveu Orígenes: "São estas as duas atividades do Pontífice: ou aprender de Deus, lendo as Escrituras divinas e meditando-as repetidamente, ou ensinar o povo. Mas ensine aquilo que ele mesmo aprendeu de Deus".[25]

O Sínodo lembrou a importância que tem a *lectio* e a *meditatio* da Palavra de Deus na vida dos Pastores e no seu ministério ao serviço da comunidade. Como escrevi na carta apostólica *Novo millennio ineunte*, "é

---

[23] Paulo VI, Exort. ap. *Marialis cultus* (2 de fevereiro de 1974), n. 17: *AAS* 66 (1974), 128.

[24] Cf. Santo Agostinho, *Sermo* 179, 1: *PL* 38, 966.

[25] *Homilias sobre o Levítico*, VI: *PG* 12, 474/C.

necessário que a escuta da Palavra se torne um encontro vital, segundo a antiga e sempre válida tradição da *lectio divina*: esta permite ler o texto bíblico como palavra viva que interpela, orienta, plasma a existência".[26] No período da meditação e da *lectio*, o coração, que já acolheu a Palavra de Deus, abre-se à contemplação do agir de Deus e, conseqüentemente, à conversão dos pensamentos e da vida a ele, acompanhada pela súplica do seu perdão e da sua graça.

Alimentar-se da Eucaristia

16. Da mesma forma que o mistério pascal está no centro da vida e missão do Bom Pastor, assim a Eucaristia constitui o centro da vida e missão do Bispo, e também de cada sacerdote.

Pela celebração diária da santa Missa, oferece-se a si próprio juntamente com Cristo. Quando esta celebração se realiza na Catedral ou em outras igrejas, sobretudo paroquiais, com o concurso e a participação ativa dos fiéis, então o Bispo aparece à vista de todos como o que verdadeiramente é, ou seja, *Sacerdos et Pontifex*, porque age em nome de Cristo e com a força do seu Espírito, e como o *hiereus*, o sacerdote

---

[26] N. 39: *AAS* 93 (2001), 294.

santo, ocupado na realização dos sagrados mistérios do altar, que anuncia e explica através da pregação.[27]

O amor do Bispo pela sagrada Eucaristia manifesta-se também quando, durante o dia, dedica uma parte razoavelmente longa do próprio tempo à adoração diante do Sacrário. Aqui abre ao Senhor a sua almá, para ficar completamente permeada e moldada pela caridade comunicada na Cruz pelo grande Pastor das ovelhas, que por elas derramou o seu sangue e deu a própria vida. A ele ergue também a sua oração, continuando a interceder pelas ovelhas que lhe foram confiadas.

A oração e a Liturgia das Horas

17. O segundo meio indicado pelos padres sinodais é a oração, e de modo especial a que se eleva ao Senhor na celebração da Liturgia das Horas, que é especificamente e sempre uma oração da comunidade cristã em nome de Cristo e sob a guia do Espírito.

A oração é em si mesma uma particular obrigação para um Bispo e para quantos "tiveram o dom da vocação a uma vida de especial consagração: esta, por sua natureza, os torna mais disponíveis para a expe-

---

[27] Cf. Pseudo-Dionísio Areopagita, *Sobre a Hierarquia Eclesiástica*, III: *PG* 3, 512; Santo Tomás de Aquino, *Summa theologiæ*, II-II, q. 184, a. 5.

riência contemplativa".[28] O Bispo não se pode esquecer de que é sucessor daqueles Apóstolos que foram eleitos por Cristo primariamente "para andarem com ele" (Mc 3,14) e que, nos inícios da sua missão, fizeram uma solene declaração que é um programa de vida: "Quanto a nós, nos entregaremos assiduamente à oração e ao serviço da palavra" (At 6,4). Por isso, o Bispo só conseguirá ser um mestre de oração para os fiéis, se puder contar com a própria experiência pessoal de diálogo com Deus. Há de poder a todo momento repetir a Deus estas palavras do Salmista: "Na vossa palavra, pus a minha esperança" (Sl 119(118),114). É precisamente da oração que ele pode receber a esperança com que deve, por assim dizer, contagiar os fiéis. De fato, a oração é o lugar privilegiado, onde se manifesta e alimenta a esperança, porque aquela, na expressão de santo Tomás de Aquino, é a "intérprete da esperança".[29]

A oração pessoal do Bispo há de ser de modo muito especial uma oração tipicamente "apostólica", isto é, apresentada ao Pai como intercessão pelas necessidades do povo que lhe está confiado. Segundo o Pontifical Romano, esta é a última promessa do eleito ao episcopado, antes de se proceder à imposição das mãos: "Queres perseverar na oração a Deus Pai todo-

---

[28] João Paulo II, Carta ap. *Novo millennio ineunte* (6 de janeiro de 2001), n. 34: *AAS* 93 (2001), 290.

[29] *Summa theologiae*, II-II, q. 17, a. 2.

poderoso em favor do povo santo e exercer o sumo sacerdócio com toda a fidelidade?".[30] De modo muito particular, o Bispo reza pela santidade dos seus sacerdotes, pelas vocações ao ministério ordenado e à vida consagrada, para que na Igreja se inflame cada vez mais o zelo missionário e apostólico.

Depois quanto à *Liturgia das Horas*, destinada a consagrar e orientar o arco inteiro da jornada por meio do louvor a Deus, como não recordar algumas expressões magníficas do Concílio? "Quando são os sacerdotes que cantam este admirável cântico de louvor, ou outros que na Igreja são oficialmente dedicados a esta função, ou os próprios fiéis quando rezam juntamente com o sacerdote segundo as formas aprovadas, então é verdadeiramente a voz da Esposa que fala com o Esposo ou, melhor, a oração que Cristo, unido ao seu Corpo, eleva ao Pai. Todos os que rezam assim, cumprem, por um lado, a obrigação própria da Igreja, e, por outro, participam na imensa honra da Esposa de Cristo, porque estão em nome da Igreja, diante do trono de Deus, a louvar o Senhor".[31] Escrevendo sobre a oração do Ofício Divino, Paulo VI, meu predecessor de veneranda memória, afirmava que é "oração da Igreja local", na qual se exprime "a verdadeira natureza da

---

[30] *Rito da Ordenação do Bispo*: Promessa do eleito.
[31] Const. sobre a sagrada liturgia *Sacrosanctum Concilium*, nn. 84-85.

Igreja orante".[32] Na *consecratio temporis*, que a *Liturgia das Horas* realiza, concretiza-se aquele *laus perennis* que é antecipação e prefiguração da Liturgia celeste, vínculo de união com os anjos e os santos que glorificam eternamente o nome de Deus. Assim, um Bispo apresenta-se e realiza-se como homem de esperança na medida em que se insere no dinamismo escatológico da oração do Saltério. Nos Salmos, ressoa a *Vox sponsae* que invoca o Esposo.

Por isso, cada Bispo ora *com* o seu povo e ora *pelo* seu povo. Todavia, ele é também edificado e auxiliado pela oração dos seus fiéis: sacerdotes, diáconos, pessoas de vida consagrada e leigos de todas as idades. No meio deles, o Bispo é educador e promotor da oração. Não só transmite o que contemplou, mas abre aos cristãos o próprio caminho da contemplação. O conhecido lema *contemplata aliis tradere* torna-se assim *contemplationem aliis tradere*.

A senda dos conselhos evangélicos e das bem-aventuranças

18. A todos os seus discípulos, de modo especial àqueles que já durante a sua vida terrena quiserem segui-lo mais de perto à maneira dos Apóstolos, o Se-

---

[32] Const. ap. *Laudis canticum* (1 de novembro de 1970): *AAS* 63 (1971), 532.

nhor propõe o caminho dos conselhos evangélicos. Para além de serem um dom da Santíssima Trindade à Igreja, os conselhos constituem um reflexo da vida trinitária no crente;[33] e o são de modo particular no Bispo, o qual, como sucessor dos Apóstolos, é chamado a seguir Cristo pela estrada da perfeição da caridade. Por isso, é um consagrado como Jesus. A sua vida é dependência radical dele e total transparência dele diante da Igreja e do mundo. Na vida do Bispo deve resplandecer a vida de Jesus e, conseqüentemente, a sua obediência ao Pai até a morte e morte de cruz (cf. Fl 2,8), o seu amor casto e virginal, a sua pobreza que é liberdade absoluta em face dos bens terrenos.

Deste modo os Bispos, com o seu exemplo, poderão guiar não só aqueles que, na Igreja, foram chamados a seguir Cristo na vida consagrada, mas também os presbíteros, a quem é proposta igualmente a radicalidade da santidade segundo o espírito dos conselhos evangélicos. Aliás, tal radicalidade tem a ver com todos os fiéis, mesmo os leigos, porque "é uma exigência fundamental e irrecusável, que brota do apelo de Cristo a segui-lo e imitá-lo, em virtude da íntima comunhão de vida com ele operada pelo Espírito".[34]

---

[33] Cf. João Paulo II, Exort. ap. pós-sinodal *Vita consecrata* (25 de março de 1996), nn. 20-21. São Paulo, Paulinas, 1996.

[34] João Paulo II, Exort. ap. pós-sinodal *Pastores dabo vobis* (25 de março de 1992), n. 27: *AAS* 84 (1992), 701.

Em suma, os fiéis devem poder contemplar, no rosto do Bispo, aquelas qualidades que são dom da graça e que nas bem-aventuranças constituem quase o auto-retrato de Cristo: o rosto da pobreza, da mansidão e da paixão pela justiça; o rosto misericordioso do Pai e do homem pacífico e pacificador; o rosto da pureza de quem constante e unicamente contempla a Deus. Os fiéis hão de poder ver, no seu Bispo, o rosto também daquele que continua a compaixão de Cristo pelos atribulados e às vezes, como sucedeu na história e acontece ainda hoje, o rosto cheio de fortaleza e alegria interior de quem é perseguido por causa da verdade do Evangelho.

A virtude da obediência

19. Revestido destes traços tão humanos de Jesus, o Bispo torna-se modelo e promotor também duma espiritualidade de comunhão, orientada com vigilante cuidado para construir a Igreja, de tal modo que tudo, palavras e obras, seja realizado sob o signo da submissão filial, em Cristo e no Espírito, ao desígnio amoroso do Pai. Enquanto mestre de santidade e ministro da santificação do seu povo, o Bispo é efetivamente chamado a cumprir fielmente a vontade do Pai. A sua obediência deve ser vivida tendo por modelo — e não poderia ser doutro modo — a própria obediência de Cristo, que várias vezes afirmou ter descido do Céu,

não para fazer a sua vontade, mas a daquele que o enviou (cf. Jo 6,38; 8,29; Fl 2,7-8).

Seguindo as pegadas de Jesus, o Bispo é obediente ao Evangelho e à Tradição da Igreja, consegue ler os sinais dos tempos e reconhecer a voz do Espírito Santo no ministério petrino e na colegialidade episcopal. Na Exortação Apostólica *Pastores dabo vobis*, pus em evidência o caráter apostólico, comunitário e pastoral da obediência presbiteral.[35] Obviamente todas estas características se encontram de modo mais saliente na obediência do Bispo. De fato, a plenitude do sacramento da Ordem, que recebeu, coloca-o numa relação especial com o Sucessor de Pedro, com os membros do Colégio Episcopal e com a sua própria Igreja particular. Deve sentir a obrigação de viver intensamente estas relações com o Papa e com os outros Bispos num vínculo íntimo de unidade e colaboração, correspondendo assim ao desígnio divino que quis unir inseparavelmente os Apóstolos ao redor de Pedro. Esta comunhão hierárquica do Bispo com o Sumo Pontífice reforça a sua capacidade de, em virtude do sacramento da Ordem recebido, tornar presente Cristo Jesus, Cabeça invisível de toda a Igreja.

Ao aspecto apostólico da obediência não pode deixar de juntar-se também o aspecto comunitário,

---

[35] Cf. n. 28: *AAS* 84 (1992), 701-703.

enquanto o episcopado é, por sua natureza, "uno e indiviso".[36] Em virtude deste caráter comunitário, o Bispo é chamado a viver a sua obediência, vencendo toda a tentação individualista e assumindo, no conjunto da missão do Colégio Episcopal, a solicitude pelo bem de toda a Igreja.

Como modelo de escuta, o Bispo estará atento de igual modo a individuar, na oração e no discernimento, a vontade de Deus através daquilo que o Espírito diz à Igreja. Exercendo evangelicamente a sua autoridade, conseguirá dialogar com os colaboradores e os fiéis para fazer crescer eficazmente a mútua concordância.[37] Isso lhe permitirá valorizar pastoralmente a dignidade e responsabilidade de cada membro do povo de Deus, favorecendo, com equilíbrio e serenidade, o espírito de iniciativa de cada um. Com efeito, os fiéis devem ser ajudados a crescer para uma obediência responsável que os torne ativos no plano pastoral.[38] A tal respeito, continua a ser atual a exortação que santo Inácio de Antioquia dirigia a Policarpo: "Nada se faça sem o teu consentimento, e tu não faças nada sem Deus".[39]

---

[36] Conc. Ecum. Vat. II, Const. dogm. sobre a Igreja *Lumen gentium*, n. 18.

[37] Cf. ibidem, nn. 27 e 37.

[38] Cf. *Propositio* 10.

[39] *Carta a Policarpo*, IV: *PG* 5, 721.

O espírito e a prática da pobreza no Bispo

20. Os padres sinodais recolheram, como sinal de sintonia colegial, o apelo, que lancei na liturgia de abertura do Sínodo, a que a bem-aventurança evangélica da pobreza fosse considerada como uma das condições necessárias para realizar, na situação atual, um fecundo ministério episcopal. Também nesta circunstância, no meio da assembléia dos Bispos, se delineou a figura de Cristo Senhor, "que realizou a obra da redenção na pobreza e na perseguição" e convida a Igreja, com os seus pastores à cabeça, "a seguir pelo mesmo caminho para comunicar aos homens os frutos da salvação".[40]

Por isso o Bispo, que deseja ser autêntica testemunha e ministro do Evangelho da esperança, deve ser *vir pauper*. Exige-o o testemunho que ele é obrigado a dar de Cristo pobre; exige-o também a solicitude da Igreja pelos pobres, que devem ser objeto de uma opção preferencial. A decisão do Bispo de viver o seu ministério na pobreza contribui decididamente para fazer da Igreja a "casa dos pobres".

Além disso, tal decisão coloca o Bispo numa situação de liberdade interior ao exercer o ministério, permitindo-lhe comunicar eficazmente os frutos da

---

[40] Conc. Ecum. Vat. II, Const. dogm. sobre a Igreja *Lumen gentium*, n. 8.

salvação. A autoridade episcopal deve ser exercida com incansável generosidade e inexaurível gratuidade. Isto requer, da parte do Bispo, uma plena confiança na providência do Pai celeste, uma magnânima comunhão de bens, um teor austero de vida, uma conversão pessoal permanente. Somente por este caminho será capaz de partilhar as angústias e os sofrimentos do Povo de Deus, que ele deve não apenas guiar e alimentar, mas também solidarizar-se, tomando parte nos seus problemas e contribuindo para alimentar a sua esperança.

Poderá cumprir eficazmente este serviço, se a sua vida for simples, sóbria e ao mesmo tempo ativa e generosa, e se puser aqueles que são considerados os últimos da nossa sociedade, não aos lados, mas ao centro da comunidade cristã.[41] Assim quase sem se dar conta, há de favorecer a "fantasia da caridade" que põe em evidência mais a capacidade de viver a partilha fraterna do que a eficácia das ajudas prestadas. Com efeito, na Igreja apostólica, como amplamente testemunham os Atos dos Apóstolos, a pobreza de alguns suscitava a solidariedade dos outros tendo como resultado surpreendente que, "entre eles, não havia ninguém necessitado" (4,34). A Igreja é devedora desta profecia ao mundo, assediado pelos problemas da fome e das desigualdades entre os povos. Nesta perspectiva

---

[41] Cf. *Propositio* 9.

de partilha e simplicidade, o Bispo administra os bens da Igreja como "bom pai de família" e vigia para que tais bens sejam usados para os fins próprios da Igreja: o culto de Deus, o sustentamento dos ministros, as obras de apostolado, as iniciativas de caridade para com os pobres.

Procurator pauperum sempre foi um título dos pastores da Igreja e deve sê-lo concretamente também hoje, para tornar presente e eloqüente a mensagem do Evangelho de Jesus Cristo como fundamento da esperança de todos, mas especialmente daqueles que só de Deus podem esperar uma vida mais digna e um futuro melhor. Solicitadas pelo exemplo dos Pastores, a Igreja e as Igrejas devem praticar aquela "opção preferencial pelos pobres" que indiquei como programa para o terceiro milênio.[42]

Com a castidade ao serviço duma Igreja que reflete a pureza de Cristo

21. "Recebe este anel, sinal de fidelidade; sê fiel à Igreja e guarda-a como esposa santa de Deus": com estas palavras, tiradas do Pontifical Romano,[43] o Bis-

---

[42] Cf. Carta ap. *Novo millennio ineunte* (6 de janeiro de 2001), n. 49: *AAS* 93 (2001), 302.

[43] *Rito da Ordenação do Bispo*: Entrega do anel.

po é convidado a tomar consciência do compromisso que assume de refletir na sua pessoa o amor virginal de Cristo por todos os seus fiéis. Antes de mais nada, ele é chamado a suscitar entre os fiéis relações mútuas inspiradas por aquele respeito e aquela estima próprios duma família onde floresce o amor, segundo a exortação do apóstolo Pedro: "Amai-vos uns aos outros ardentemente e do fundo do coração, pois haveis renascido, não duma semente corruptível, mas incorruptível: pela palavra de Deus vivo e eterno" (1Pd 1,22-23).

Enquanto, com o seu exemplo e a sua palavra, o Bispo exorta os cristãos a oferecerem os seus corpos como sacrifício vivo, santo e agradável a Deus (cf. Rm 12,1), recorda a todos que "a aparência deste mundo passa" (1Cor 7,31) e por isso é forçoso viver "aguardando a bem-aventurada esperança" do regresso glorioso de Cristo (cf. Tt 2,13). De modo particular, na sua solicitude pastoral, ele acompanha com afeto paterno aqueles que abraçaram a vida religiosa com a profissão dos conselhos evangélicos e prestam o seu precioso serviço à Igreja. Além disso, apóia e encoraja os sacerdotes que, chamados pela graça divina, assumiram livremente o compromisso do celibato pelo Reino dos Céus, recordando a si mesmo e a eles as motivações evangélicas e espirituais desta opção, tão importante para o serviço do Povo de Deus. Hoje, na Igreja e no mundo, o testemunho do amor casto constitui, por um lado, uma espécie de terapia espiritual para a humanidade e, por outro, uma contestação da idolatria do instinto sexual.

No contexto social atual, o Bispo deve estar particularmente unido ao seu rebanho e antes de tudo aos seus sacerdotes, paternalmente atento às suas dificuldades ascéticas e espirituais, prestando-lhes o devido apoio para favorecer a sua fidelidade à vocação e às exigências duma santidade de vida exemplar no exercício do ministério. Em caso de falta grave e, pior ainda, de delito que causam dano ao próprio testemunho do Evangelho, especialmente se praticados por ministros da Igreja, o Bispo deve ser forte e decidido, justo e sereno: é obrigado a intervir com prontidão, segundo as normas canônicas estabelecidas, quer para a correção e o bem espiritual do ministro sagrado, quer para a reparação do escândalo e o restabelecimento da justiça, quer ainda no referente à proteção e ajuda das vítimas.

Com a palavra e com a ação vigilante e paterna, o Bispo cumpre a obrigação que tem de oferecer ao mundo a verdade duma Igreja santa e casta, nos seus ministros e nos seus fiéis. Agindo assim o pastor caminha à frente do seu rebanho como fez Cristo, o Esposo, que deu a sua vida por nós e deixou a todos o exemplo dum amor puro e virginal e, por isso, também fecundo e universal.

Animador duma espiritualidade
de comunhão e missão

22. Na carta apostólica *Novo millennio ineunte*, pus em evidência a necessidade de "fazer da Igreja a casa e a escola da comunhão".[44] Tal consideração teve um vasto eco e foi retomada na assembléia sinodal. Obviamente, o Bispo é o primeiro que, no seu caminho espiritual, tem o dever de fazer-se promotor e animador duma espiritualidade de comunhão, trabalhando incansavelmente por fazer dela um dos princípios educativos fundamentais em todos os lugares onde se plasma o homem e o cristão: na paróquia, nas associações católicas, nos movimentos eclesiais, nas escolas católicas, nos patronatos. De modo particular, terá o cuidado de fazer com que a espiritualidade de comunhão surja e se consolide nos lugares onde se educam os futuros presbíteros, isto é, nos seminários e também nos noviciados religiosos, nas casas religiosas, nos Institutos e Faculdades Teológicas.

Os pontos salientes desta promoção da espiritualidade de comunhão, indiquei-os sinteticamente na referida carta apostólica. Bastará acrescentar aqui que um Bispo deve encorajá-la particularmente dentro do seu presbitério, e também entre os diáconos, os religiosos e as religiosas. Há de fazê-lo no diálogo e encontro

---

[44] N. 43: *AAS* 93 (2001), 296.

pessoal, mas também nos encontros comunitários, providenciando que não faltem na sua Igreja particular momentos especiais durante os quais se disponha melhor para escutar "o que o Espírito diz às Igrejas" (Ap 2,7.11 e outros). Por exemplo, os retiros, os exercícios espirituais, as jornadas de espiritualidade, e ainda o uso prudente também dos novos instrumentos da comunicação social, se tal resultar oportuno para uma maior eficácia.

Cultivar uma espiritualidade de comunhão significa, para um Bispo, alimentar a comunhão com o Romano Pontífice e com os outros irmãos Bispos, especialmente os membros da mesma Conferência Episcopal e Província Eclesiástica. A tal propósito e com o objetivo, não indiferente, de superar o risco da solidão e do desânimo em face da grandeza enorme e desproporcionada dos problemas, um Bispo de boa vontade há de recorrer, para além da oração, também à amizade e à comunhão fraterna com os seus Irmãos no episcopado.

Na sua fonte e modelo trinitários, a comunhão exprime-se sempre na missão. Esta é o fruto e a conseqüência lógica da comunhão. Fomenta-se o dinamismo da comunhão sempre que alguém se abre aos horizontes e às exigências da missão, dando como garantia permanente o testemunho da unidade, para que o mundo creia, e dilatando os espaços do amor para que todos cheguem à comunhão trinitária, donde procedem e para onde se encaminham. Quanto mais intensa for a comunhão, mais facilitada ficará a missão, sobretudo quando é vivida na pobreza abraçada por amor, que é a capacidade de ir ao encontro de cada pessoa, grupo e cultura unicamente com a força da Cruz, *spes unica* e supremo testemunho do amor de Deus, que se manifesta também como amor de fraternidade universal.

Um caminho a percorrer no dia-a-dia

23. O realismo espiritual obriga a reconhecer que o Bispo é chamado a viver a sua vocação à santidade no meio de dificuldades externas e internas, fraquezas próprias e alheias, imprevistos cotidianos, problemas pessoais e institucionais. Uma tal situação é constante na vida dos pastores, como dá testemunho são Gregório Magno quando, constatando isso mesmo, se lamenta: "Depois que tomei sobre os meus ombros a responsabilidade pastoral, o espírito não consegue recolher-se tão assiduamente como queria, porque se encontra solicitado por muitas preocupações. Vejo-me obrigado a ocupar-me ora dos problemas das igrejas, ora dos mosteiros e a analisar muitas vezes a vida e a atuação de cada pessoa em particular (...). Estando assim dividido e subjugado por tão numerosas e tão grandes preocupações, como poderá o meu espírito recolher-se e

concentrar-se para se poder dedicar plenamente à pregação e não se afastar do ministério da palavra? (...) Todo aquele que é colocado como sentinela do povo deve portanto, pela sua vida, situar-se bem alto para ser útil com a sua previdência".[45]

Para contrabalançar as forças centrífugas que tentam destruir a sua unidade interior, o Bispo precisa cultivar um teor de vida sereno, que favoreça o equilíbrio mental, psicológico e afetivo, permitindo-lhe abrir-se ao acolhimento das pessoas e dos seus problemas num contexto de autêntica solidariedade com as diversas situações, alegres ou tristes. Também o cuidado pela própria saúde nas suas várias dimensões constitui, no Bispo, um ato de amor para com os fiéis e uma garantia de maior abertura e disponibilidade às sugestões do Espírito. São conhecidas as recomendações feitas a tal propósito por são Carlos Borromeu, brilhante figura de pastor, no discurso que pronunciou durante o seu último Sínodo: "Exerces a cura de almas? Não descures então o cuidado de ti próprio, para não te dares tão desinteressadamente aos demais que nada reserves para ti. Sem dúvida, é necessário que te lembres das almas que diriges, mas desde que não te esqueças de ti".[46]

---

[45] *Homiliae in Ezechielem*, I, 11: *PL* 76, 908.

[46] *Acta Ecclesiae Mediolanensis* (Milão 1599), 1178.

Por isso, o Bispo procure entrar com equilíbrio na multiplicidade das suas obrigações harmonizando-as entre si: a celebração dos divinos mistérios e a oração privada, o estudo pessoal e a programação pastoral, o recolhimento e o justo repouso. Sustentado por estes auxílios à sua vida espiritual, achará a paz do coração experimentando a profundidade da comunhão com a Santíssima Trindade, que o escolheu e consagrou. Com a graça que Deus lhe assegura, poderá diariamente desempenhar o seu ministério, atento às necessidades da Igreja e do mundo, como testemunha da esperança.

A formação permanente do Bispo

24. Em estreita ligação com o compromisso que o Bispo tem de avançar incansavelmente pelo caminho da santidade vivendo uma espiritualidade cristocêntrica e eclesial, a assembléia sinodal colocou também a exigência da sua formação permanente. Necessária para todos os fiéis, como foi sublinhado nos Sínodos anteriores e confirmado nas sucessivas Exortações apostólicas *Christifideles laici*, *Pastores dabo vobis* e *Vita consecrata*, a formação permanente deve ser vista como necessária especialmente para o Bispo, que carrega a responsabilidade do progresso comum e do caminho harmônico na Igreja.

Como para os sacerdotes e as pessoas de vida consagrada, a formação permanente, no caso do Bispo, é uma exigência intrínseca da sua vocação e missão. De fato, em virtude dela é possível discernir os novos apelos com que Deus especifica e atualiza o chamamento inicial. Também o apóstolo Pedro, depois do convite "segue-me" recebido no primeiro encontro com Cristo (cf. Mt 4,19), ouviu repetir-lhe o mesmo convite pelo Ressuscitado, que, antes de deixar a terra e preanunciando-lhe as canseiras e tribulações do futuro ministério, acrescenta: "Tu, segue-me" (Jo 21,22). "É, portanto, um "segue-me" que acompanha a vida e a missão do apóstolo. É um "segue-me" que acompanha o apelo e a exigência de fidelidade até a morte (cf. Jo 21,18-19), um "segue-me" que pode significar uma *sequela Christi* até o dom total de si no martírio".[47] Não se trata, evidentemente, de realizar apenas aquela atualização adequada que se requer para um conhecimento real da situação da Igreja e do mundo, que permita ao Pastor estar inserido no seu tempo com mente aberta e coração compassivo. A esta boa razão para uma formação permanente atualizada juntam-se motivações antropológicas, resultantes do fato que a própria vida é um caminhar incessante para a maturidade,

---

[47] João Paulo II, Exort. ap. pós-sinodal *Pastores dabo vobis* (25 de março de 1992), n. 70: *AAS* 84 (1992), 781.

e motivações teológicas que têm profundamente a ver com a raiz sacramental: com efeito, o Bispo deve "guardar com amor vigilante o "mistério" que traz em si para o bem da Igreja e da humanidade".[48]

Para uma atualização periódica, especialmente sobre alguns temas de grande importância, requerem-se tempos específicos e prolongados de escuta, comunhão e diálogo com peritos — Bispos, sacerdotes, religiosos e religiosas, leigos —, num intercâmbio de experiências pastorais, conhecimentos doutrinais, recursos espirituais que não deixarão de assegurar um verdadeiro enriquecimento pessoal. Para isso, os padres sinodais sublinharam a utilidade de cursos especiais de formação, como os encontros anuais promovidos pela Congregação dos Bispos ou pela Congregação para a Evangelização dos Povos em favor dos Bispos de ordenação episcopal recente. Desejaram igualmente que breves cursos de formação ou jornadas de estudo e atualização, e também retiros espirituais para os Bispos, fossem previstos e preparados pelos Sínodos Patriarcais, pelas Conferências Nacionais ou Regionais e ainda pelas Assembléias continentais de Bispos.

---

[48] Ibidem, n. 72: op. cit. 787.

Será conveniente que a própria Presidência da Conferência Episcopal tome a seu cargo a tarefa de prover à preparação e à realização de tais programas de formação permanente, encorajando os Bispos a participarem nestes cursos, para se obter deste modo também uma maior comunhão entre os Pastores em ordem a uma melhor eficácia pastoral em cada uma das dioceses.[49]

De qualquer modo, é evidente que, como acontece na vida da Igreja, também o estilo de ação, as iniciativas pastorais, as formas de ministério do Bispo vão evoluindo. Também deste ponto de vista, resulta a necessidade duma atualização, em conformidade com as disposições do Código de Direito Canônico e tendo em conta os novos desafios e compromissos da Igreja na sociedade. Neste contexto, a assembléia sinodal propôs que fosse revisto o Diretório *Ecclesiæ imago*, publicado pela Congregação dos Bispos em 22 de fevereiro de 1973, adaptando-o às novas exigências dos tempos e às mudanças entretanto sucedidas na Igreja e na vida pastoral.[50]

O exemplo dos Santos Bispos

25. Na sua vida e no seu ministério, no caminho espiritual e no esforço por adaptar a sua ação apostóli-

---

[49] Cf. *Propositio* 12.

[50] Cf. *Propositio* 13.

ca, os Bispos são sempre confortados pelo exemplo de pastores santos. Eu mesmo, na homilia da celebração eucarística conclusiva do Sínodo, propus o exemplo de santos pastores canonizados durante o último século, como testemunho duma graça do Espírito Santo que nunca faltou, e jamais faltará, à Igreja.[51]

A história da Igreja, a começar dos Apóstolos, registra um número verdadeiramente grande de pastores, cuja doutrina e santidade são capazes de iluminar e guiar o caminho espiritual dos Bispos também do terceiro milênio. Os gloriosos testemunhos dos grandes pastores dos primeiros séculos da Igreja, dos fundadores das Igrejas particulares, dos confessores da fé e dos mártires, que, em tempos de perseguição, deram a vida por Cristo, permanecem como luminosos pontos de referência que os Bispos do nosso tempo podem fixar para deles tirarem indicações e estímulos para o seu serviço do Evangelho.

Muitos deles foram exemplares sobretudo no exercício da virtude da esperança, quando, em tempos difíceis, reanimaram o seu povo, reconstruíram as igrejas depois de tempos de perseguição e de calamidade, edificaram casas de caridade para acolher peregrinos e pobres, abriram hospitais para tratar doentes e idosos. Muitos outros Bispos foram guias esclarecidos,

---

[51] Cf. n. 6: *AAS* 94 (2002), 116.

que abriram novas sendas para o seu povo. Em tempos difíceis, mantendo o olhar fixo em Cristo crucificado e ressuscitado, nossa esperança, deram respostas positivas e inovadoras aos desafios do momento. No início do terceiro milênio, ainda existem tais pastores, que têm uma história para contar, impregnada de fé ancorada firmemente à Cruz; pastores que sabem individuar as aspirações humanas, assumi-las, purificá-las e interpretá-las à luz do Evangelho e que, por isso mesmo, têm também uma história a construir, juntamente com todo o povo que lhes está confiado.

Cada Igreja particular terá, portanto, o cuidado de celebrar os seus próprios Santos Bispos, recordando também os pastores que, pela vida santa e cheia de luminosos ensinamentos, deixaram especial herança de admiração e afeto no povo; constituem as sentinelas espirituais que, do Céu, guiam o caminho da Igreja peregrina no tempo. Por esta razão também, para que se conserve sempre viva a memória da fidelidade dos Bispos eminentes no exercício do seu ministério, a assembléia sinodal recomendou que as Igrejas particulares ou, segundo o caso, as Conferências Episcopais se esforcem por dar a conhecer aos fiéis a sua figura por meio de biografias atualizadas e, se for o caso, examinem a oportunidade de introduzir a sua causa de canonização.[52]

---

[52] Cf. *Propositio* 11.

O testemunho duma vida espiritual e apostólica plenamente realizada continua hoje a ser a grande prova da força que o Evangelho possui para transformar as pessoas e as comunidades, fazendo penetrar no mundo e na história a própria santidade de Deus. Também isto é um motivo de esperança, sobretudo para as novas gerações que esperam da Igreja propostas incentivadoras às quais inspirar-se no seu empenho de renovar em Cristo a sociedade do nosso tempo.

Capítulo III

MESTRE DA FÉ E ARAUTO DA PALAVRA

Ide pelo mundo inteiro e anunciai a Boa-Nova (Mc 16,15).

26. Jesus ressuscitado confia aos Apóstolos a missão de "fazer discípulos" todos os povos, ensinando-os a observar tudo aquilo que ele mandou. Deste modo é solenemente confiada à Igreja, comunidade dos discípulos do Senhor crucificado e ressuscitado, a tarefa de pregar o Evangelho a todas as criaturas; uma tarefa que durará até o fim dos tempos. A partir daquele instante inicial, já não é possível imaginar a Igreja sem tal missão evangelizadora. Disso mesmo tinha consciência o apóstolo Paulo, manifestando-o com palavras bem conhecidas: "Se anuncio o Evangelho, não tenho de que me gloriar pois que me é imposta essa obrigação: Ai de mim se não evangelizar!" (1Cor 9,16).

Se o dever de anunciar o Evangelho é próprio de toda a Igreja e de cada um dos seus filhos, pertence a título especial aos Bispos, que no dia da sagrada Ordenação, pela qual ficam inseridos na sucessão apostólica, assumem como compromisso principal o múnus de pregar o Evangelho, e pregá-lo "com a fortaleza do Espírito chamando os homens à fé ou confirmando-os na fé viva".[1]

A atividade evangelizadora do Bispo, que visa conduzir os homens à fé ou fortalecê-los nela, constitui uma exímia manifestação da sua paternidade, podendo ele repetir com Paulo: "Ainda que tenhais dez mil pedagogos em Cristo, não tendes todavia muitos pais, pois fui eu que vos gerei em Cristo Jesus, por meio do Evangelho" (1Cor 4,15). Devido precisamente a esta dinâmica geradora de vida nova segundo o Espírito, o ministério episcopal manifesta-se no mundo como sinal de esperança para os povos, para cada homem.

Por isso os padres sinodais recordaram oportunamente que o anúncio de Cristo ocupa sempre o primeiro lugar, sendo o Bispo o primeiro anunciador do Evangelho por meio das palavras e do testemunho da vida. Ele deve estar consciente dos desafios que a hora presente acarreta e ter a coragem de enfrentá-los. Todos os Bispos, como ministros da verdade, hão de desempenhar esta tarefa com fortaleza e confiança.[2]

---

[1] Conc. Ecum. Vat. II, Decr. sobre o múnus pastoral dos Bispos na Igreja *Christus Dominus*, n. 12; cf. Const. dogm. sobre a Igreja *Lumen gentium*, n. 25.

[2] Cf. *Propositiones* 14 e 15.

Cristo no coração do Evangelho e do homem

27. O tema do anúncio do Evangelho ocupou lugar verdadeiramente preeminente nas intervenções dos padres sinodais, tendo eles afirmado diversas vezes e de variados modos que o centro vivo do anúncio do Evangelho é Cristo crucificado e ressuscitado pela salvação dos homens.[3]

Cristo é realmente o coração da evangelização, cujo programa "se concentra, em última análise, no próprio Cristo, que temos de conhecer, amar, imitar, para nele viver a vida trinitária e com ele transformar a história até a sua plenitude na Jerusalém celeste. É um programa que não muda com a variação dos tempos e das culturas, embora se tenha em conta o tempo e a cultura para um diálogo verdadeiro e uma comunicação eficaz. Este programa de sempre é o nosso programa para o terceiro milênio".[4]

De Cristo, coração do Evangelho, derivam as restantes verdades da fé e irradia também a esperança para todos os homens. De fato, Cristo é a luz que ilumina todo homem e quem nele for regenerado recebe

---

[3] Cf. *Propositio* 14.

[4] João Paulo II, Carta ap. *Novo millennio ineunte* (6 de janeiro de 2001), n. 29. São Paulo, Paulinas, 2001.

as primícias do Espírito, que o tornam capaz de cumprir a nova lei do amor.[5]

Portanto, em virtude da sua própria missão apostólica, o Bispo está habilitado para introduzir o seu povo no coração do mistério da fé, onde poderá encontrar a pessoa viva de Jesus Cristo. Assim os fiéis chegarão a compreender que toda experiência cristã tem a sua fonte e indefectível ponto de referência na Páscoa de Jesus, vencedor do pecado e da morte.[6]

E, na proclamação da morte e ressurreição do Senhor, está incluído "o anúncio profético do além, vocação profunda e definitiva do homem, ao mesmo tempo em continuidade e descontinuidade com a situação presente: para além do tempo e da história, para além da realidade deste mundo cujo cenário passa (...). A evangelização contém, pois, também a pregação da esperança nas promessas feitas por Deus na Nova Aliança em Jesus Cristo".[7]

---

[5] Cf. Conc. Ecum. Vat. II, Const. past. sobre a Igreja no mundo contemporâneo *Gaudium et spes*, n. 22.

[6] Cf. *Propositio* 15.

[7] Paulo VI, Exort. ap. *Evangelii nuntiandi* (8 de dezembro de 1975), n. 28. São Paulo, Paulinas.

O Bispo, ouvinte e guardião da Palavra

28. Prosseguindo na senda apontada pela tradição da Igreja, o Concílio Vaticano II explica que a missão de ensinar, própria dos Bispos, consiste em guardar santamente e anunciar corajosamente a fé.[8]

Nesta linha, aparece em toda a sua riqueza de significado o gesto, previsto no rito romano da ordenação episcopal, de impor sobre a cabeça do eleito o Evangeliário aberto: com tal gesto quer-se mostrar, por um lado, que a Palavra envolve e guarda o ministério do Bispo e, por outro, que a sua vida deve estar inteiramente sujeita à Palavra dedicando-se cotidianamente à pregação do Evangelho com toda paciência e doutrina (cf. 2Tm 4,2). Por diversas vezes os padres sinodais recordaram que o Bispo é aquele que guarda com amor a Palavra de Deus e a defende com coragem, dando testemunho da sua mensagem de salvação. De fato, o sentido do *munus docendi* episcopal deriva da própria natureza do que deve ser guardado, ou seja, o depósito da fé.

Na Sagrada Escritura do Antigo e do Novo Testamento e na Tradição encontra-se o único depósito da

---

[8] Cf. Const. dogm. sobre a Igreja *Lumen gentium*, n. 25; Const. dogm. sobre a divina revelação *Dei Verbum*, n. 10; *Código de Direito Canônico*, cân. 747-§ 1; *Código dos Cânones das Igrejas Orientais*, cân. 595-§ 1.

revelação divina que Cristo Nosso Senhor confiou à sua Igreja, constituindo como que um espelho onde ela, peregrina na terra, "contempla a Deus, de quem tudo recebe, até ser conduzida a vê-lo face a face tal qual ele é".[9] E assim tem sucedido no decurso dos séculos até hoje: as diversas comunidades, acolhendo a Palavra sempre nova e eficaz ao longo dos tempos, escutaram docilmente a voz do Espírito Santo esforçando-se por torná-la viva e operante na realidade dos sucessivos períodos históricos. Assim a Palavra transmitida, a Tradição, tornou-se sempre mais conscientemente palavra de vida, enquanto a tarefa do seu anúncio e da sua defesa se foi realizando progressivamente sob a guia e a assistência do Espírito de Verdade, como transmissão ininterrupta de tudo o que a Igreja é e aquilo em que ela acredita.[10]

Esta Tradição, que tem a sua origem nos Apóstolos, progride na vida da Igreja, como ensinou o Concílio Vaticano II. De forma semelhante cresce e desenvolve-se a compreensão dos fatos e das palavras transmitidas, de modo que se estabelece uma singular unidade de sentimentos entre Bispos e fiéis quando se trata de conservar, praticar e professar a fé transmitida.[11] Assim, na busca da fidelidade ao Espírito que fala no seio

---

[9] Conc. Ecum. Vat. II, Const. dogm. sobre a divina revelação *Dei Verbum,* n. 7.

[10] Cf. ibidem, n. 8.

[11] Cf. ibidem, n. 10.

da Igreja, fiéis e pastores encontram-se, estabelecendo aqueles vínculos profundos de fé que representam de certa forma o primeiro momento do *sensus fidei*. É útil voltar a ouvir a este respeito as expressões do Concílio: "A totalidade dos fiéis, que receberam a unção do Santo (cf. 1Jo 2,20.27), não pode enganar-se na fé; e esta sua propriedade peculiar manifesta-se por meio do sentir sobrenatural da fé do Povo todo, quando este, desde os Bispos até o último dos fiéis leigos, manifesta consenso universal em matéria de fé e costumes".[12]

Por isso, a vida *da* Igreja e a vida *na* Igreja é, para cada Bispo, a condição para o exercício da sua missão de ensinar. Um Bispo encontra a sua identidade e o seu lugar no seio da comunidade dos discípulos do Senhor, onde recebeu o dom da vida divina e a primeira instrução na fé. Sobretudo quando da sua cátedra episcopal exerce na presença da assembléia dos fiéis a sua função de mestre na Igreja, cada Bispo deve poder repetir como santo Agostinho: "Se se considerar o lugar que ocupamos, somos vossos mestres; mas, pensando no único Mestre, somos condiscípulos vossos na mesma escola".[13] Na Igreja, escola do Deus vivo, Bispos e fiéis são todos condiscípulos e todos têm necessidade de ser instruídos pelo Espírito.

---

[12] Const. dogm. sobre a Igreja *Lumen gentium*, n. 12.

[13] *Enarratio in Psalmos*, 126, 3: *PL* 37, 1669.

Realmente são muitas as sedes, onde o Espírito nos comunica a sua instrução interior. Em primeiro lugar, o coração de cada um; depois, a vida das várias Igrejas particulares, onde se manifestam e fazem sentir as múltiplas necessidades das pessoas e das diferentes comunidades eclesiais, através de linguagens ora conhecidas ora diversas e novas.

O Espírito faz-se ouvir ainda quando suscita na Igreja várias formas de carismas e serviços. Com certeza, foi também por esta razão que muitas vezes na aula sinodal se ouviram intervenções que exortavam o Bispo a privilegiar o encontro direto e o contato pessoal com os fiéis que vivem nas comunidades confiadas ao seu cuidado pastoral, a exemplo do Bom Pastor que conhece as suas ovelhas e chama cada uma pelo seu nome. De fato, o encontro freqüente do Bispo, primeiramente, com os seus presbíteros e depois com os diáconos, com os consagrados e as suas comunidades, com os fiéis leigos, individualmente e nas diversas formas de agregação, tem grande importância para o exercício de um ministério eficaz no meio do Povo de Deus.

O serviço autêntico e autorizado da Palavra

29. Com a Ordenação episcopal, cada Bispo recebeu a missão fundamental de anunciar com autoridade a Palavra. De fato, em virtude da sua Ordenação sagrada, o Bispo é doutor autêntico, que prega ao povo

a ele confiado a fé que deve crer e aplicar na vida moral. Isto significa que os Bispos estão revestidos da própria autoridade de Cristo e por esta razão fundamental é que, "ensinando em comunhão com o Romano Pontífice, devem por todos ser venerados como testemunhas da verdade divina e católica; e os fiéis devem conformar-se ao parecer que o seu Bispo emite em nome de Cristo sobre matéria de fé ou costumes, aderindo a ele com religioso acatamento".[14] Neste serviço à Verdade, cada Bispo está colocado *perante* a comunidade, já que é *para* a comunidade, tornando-a objeto da sua solicitude pastoral e elevando a Deus com insistência a sua prece por ela.

Assim, aquilo que ouviu e recebeu do coração da Igreja, cada Bispo devolve-o aos seus irmãos, de quem deve cuidar como o Bom Pastor. O *sensus fidei* alcança nele a sua dimensão completa, como ensina o Concílio Vaticano II: "Com este sentido da fé, que se desperta e sustenta pela ação do Espírito de verdade, o Povo de Deus, sob a direção do sagrado magistério que fielmente acata, já não recebe simples palavra de homens mas a verdadeira palavra de Deus (cf. 1Ts 2,13), adere indefectivelmente à fé uma vez confiada aos santos (cf. Jd 3), penetra-a mais profundamente com juízo acertado e aplica-a mais totalmente na

---

[14] Conc. Ecum. Vat. II, Const. dogm. sobre a Igreja *Lumen gentium*, n. 25.

vida".[15] Deste modo, esta palavra, no seio da comunidade e perante ela, já não é simplesmente palavra do Bispo enquanto pessoa privada, mas como Pastor que confirma a fé, congrega ao redor do mistério de Deus e gera a vida.

Os fiéis têm necessidade da palavra do próprio Bispo, precisam da confirmação e purificação da sua fé. A assembléia sinodal pretendeu sublinhar esta necessidade, pondo em evidência alguns dos âmbitos específicos onde isso mesmo é particularmente sentido. Um deles é o primeiro anúncio ou *kerygma*: este, sempre necessário para suscitar a obediência da fé, aparece ainda mais urgente na situação atual marcada pela indiferença e a ignorância religiosa de tantos cristãos.[16] Também no âmbito da catequese, o catequista por excelência é o Bispo; o papel incisivo de grandes e santos Bispos, cujos textos catequéticos ainda hoje são consultados com apreço, leva-me a sublinhar que é tarefa permanente do Bispo assumir a direção cimeira da catequese. No desempenho de tal tarefa, não deixará de fazer referência ao *Catecismo da Igreja Católica*.

Conserva, pois, toda a sua validade o que escrevi na Exortação apostólica *Catechesi tradendae*: "Vós,

---

[15] Ibidem, n. 12.

[16] Cf. *Propositio* 15.

caríssimos Irmãos [Bispos], tendes uma missão particular nas vossas Igrejas; vós sois aí os primeiros responsáveis pela catequese".[17] Por isso, é dever de cada Bispo assegurar na sua Igreja particular efetiva prioridade a uma catequese ativa e eficaz. Mais, deve concretizar esta sua solicitude através de iniciativas pessoais destinadas a suscitar e conservar uma autêntica paixão pela catequese.[18]

Ciente, pois, da própria responsabilidade no âmbito da transmissão e educação da fé, cada Bispo deve empenhar-se a fim de que exista a mesma solicitude naqueles que, devido à sua vocação e missão, são chamados a transmitir a fé; penso nos sacerdotes e diáconos, nos fiéis de vida consagrada, nos pais e mães de família, nos agentes de pastoral — sobretudo os catequistas —, e bem assim nos professores de teologia e de ciências eclesiásticas e nos professores de religião católica.[19] O Bispo terá a peito a sua formação inicial e permanente.

Ainda quanto a este seu dever, é de particular utilidade o diálogo aberto e a colaboração com os teólogos, a quem cabe aprofundar com metodologia apro-

---

[17] N. 63: *AAS* 71 (1979), 1329.

[18] Cf. Congr. para o Clero, *Diretório Geral da Catequese* (15 de agosto de 1997), n. 233.

[19] Cf. *Propositio* 15.

priada a insondável riqueza do mistério de Cristo. Os Bispos não deixem de dar a eles e também às instituições escolásticas e acadêmicas onde trabalham, estímulo e apoio para desempenharem a sua tarefa ao serviço do Povo de Deus na fidelidade à Tradição e na atenção às solicitações da história.[20] Sempre que tal se revele oportuno, os Bispos defendam com firmeza a unidade e a integridade da fé, julgando com autoridade o que é ou não conforme à Palavra de Deus.[21]

Os padres sinodais chamaram a atenção dos Bispos também para as suas responsabilidades magisteriais no âmbito moral. As normas propostas pela Igreja refletem os mandamentos divinos, que encontram a sua síntese e coroamento no mandamento evangélico da caridade. A finalidade de qualquer norma divina é o maior bem do homem. Ainda hoje é válida a recomendação do Deuteronômio: "Seguireis o caminho que o Senhor, vosso Deus, vos traçou, e sereis felizes e tereis longa vida na terra que ides possuir" (5,31). Além disso, não se deve esquecer que os mandamentos do Decálogo estão firmemente enraizados na própria natureza humana e por isso os valores por eles defendi-

---

[20] Cf. *Propositio* 47.

[21] Cf. Congr. para a Doutrina da Fé, Instr. sobre a vocação eclesial do teólogo *Donum veritatis* (24 de maio de 1990), n. 19: *AAS* 82 (1990), 1558; *Código de Direito Canônico*, cân. 386-§ 2; *Código dos Cânones das Igrejas Orientais*, cân. 196-§ 2.

dos possuem uma validade universal. Isto vale de modo particular para a vida humana, que há de ser defendida desde a sua concepção até a sua conclusão com a morte natural, a liberdade das pessoas e das nações, a justiça social e as estruturas para a realizarem.[22]

O ministério episcopal da inculturação do Evangelho

30. A evangelização da cultura e a inculturação do Evangelho são parte integrante da nova evangelização e conseqüentemente tarefa própria do múnus episcopal. A tal propósito e retomando expressões minhas anteriores, o Sínodo insistiu: "Uma fé, que não se torna cultura, é uma fé não plenamente acolhida, nem integralmente pensada, nem fielmente vivida".[23]

Na verdade trata-se de uma tarefa, antiga e sempre nova, que tem origem no próprio mistério da Encarnação e sua motivação na capacidade intrínseca do Evangelho para se enraizar em cada cultura, modelá-la e promovê-la, purificando-a e abrindo-a à plenitude de verdade e de vida que se realizou em Cristo Jesus. A este tema, prestou-se muita atenção durante os

---

[22] Cf. *Propositio* 16.

[23] Discurso aos participantes no Congresso nacional italiano do Movimento Eclesial de Empenho Cultural (16 de janeiro de 1982), 2: *L'Osservatore Romano* (ed. port. de 31/I/1982), 50; cf. *Propositio* 64.

Sínodos Continentais, donde provieram preciosas indicações; e sobre ele debrucei-me também eu em várias circunstâncias.

Considerando, pois, os valores culturais presentes no território onde vive a sua Igreja particular, o Bispo há de pôr todo o empenho para que o Evangelho seja anunciado na sua integridade, de modo a plasmar o coração das pessoas e os costumes dos povos. Nesta obra evangelizadora, poder-lhe-á ser de preciosa ajuda a contribuição dos teólogos e ainda dos especialistas na valorização do patrimônio cultural, artístico e histórico da diocese: isto interessa tanto à antiga como à nova evangelização, constituindo um eficaz instrumento pastoral.[24]

De grande importância também para o anúncio do Evangelho nos "novos areópagos" e para a transmissão da fé são os meios de comunicação social, sobre os quais os padres sinodais concentraram também a sua atenção, tendo encorajado os Bispos a uma maior colaboração entre as Conferências Episcopais no âmbito nacional e internacional para que a sua atividade neste delicado e precioso setor da vida social se torne mais qualificada.[25]

---

[24] Cf. *Propositio* 65.

[25] Cf. *Propositio* 66.

Na verdade, quando se trata do anúncio do Evangelho, é importante preocupar-se, para além da sua ortodoxia, também com uma apresentação aliciante, capaz de estimular a sua escuta e acolhimento. Para isso, procure-se reservar, especialmente nos Seminários, espaço adequado para a formação dos candidatos ao sacerdócio sobre o uso dos meios de comunicação social, a fim de que os evangelizadores sejam bons proclamadores e bons comunicadores.

Pregar com a palavra e o exemplo

31. O ministério do Bispo enquanto anunciador do Evangelho e guardião da fé no Povo de Deus não seria apresentado exaustivamente, se não fosse referido o dever da coerência pessoal: o seu ensino continua através do testemunho e do exemplo duma autêntica vida de fé. Se o Bispo, que ensina com uma autoridade exercida em nome de Jesus Cristo[26] a Palavra escutada na comunidade, não vivesse o que ensina, daria à própria comunidade uma mensagem contraditória.

Deste modo, fica claro que todas as atividades do Bispo devem ter como finalidade a proclamação do Evangelho, "poder de Deus para a salvação de todo

---

[26] Cf. Conc. Ecum. Vat. II, Const. dogm. sobre a divina revelação *Dei Verbum*, n. 10.

o crente" (Rm 1,16). A sua tarefa essencial é ajudar o Povo de Deus a prestar à palavra da Revelação a obediência da fé (cf. Rm 1,5) e a abraçar integralmente a doutrina de Cristo. Poder-se-ia dizer que missão e vida estão de tal forma unidas no Bispo que não se pode pensar nelas como duas coisas distintas: *nós, Bispos, somos a nossa missão*. Se não a cumpríssemos, deixaríamos de ser o que somos. É pelo testemunho da fé que a nossa vida se torna sinal visível da presença de Cristo nas nossas comunidades.

O testemunho de vida torna-se para o Bispo como que um novo título de autoridade, que se soma ao título objetivo recebido na consagração. Assim à autoridade vem juntar-se a credibilidade. Ambas são necessárias: de fato, duma brota a exigência objetiva de adesão dos fiéis ao ensinamento autêntico do Bispo; da segunda, a facilitação para depositar confiança na mensagem. A este respeito, apraz-me retomar as palavras escritas por um grande Bispo da Igreja antiga, santo Hilário de Poitiers: "O beato apóstolo Paulo, querendo definir o tipo de Bispo ideal e formar com os seus ensinamentos um homem de Igreja completamente novo, explicou qual era, por assim dizer, o máximo da perfeição nele. Afirmou que devia professar uma doutrina segura, conforme com o ensinamento, para estar em condições de exortar à sã doutrina e de refutar aqueles que a contradizem (...). Por um lado, um ministro de vida irrepreensível, se não é culto, conseguirá beneficiar-se só a si próprio; por outro, um ministro culto perderá a autoridade que provém da cultura, se a sua vida não for irrepreensível".[27]

A conduta a seguir está desde sempre fixada pelo apóstolo Paulo nestas palavras: "E tu serve de exemplo em tudo pelo teu bom comportamento, pureza de ensinamentos, gravidade, e pela linguagem sã e irrepreensível, para que os nossos adversários sejam confundidos, por não terem mal algum a dizer de nós" (Tt 2,7-8).

---

[27] *De Trinitate*, VIII, 1: *PL* 10, 236.

Capítulo IV

MINISTRO DA GRAÇA DO SUPREMO SACERDÓCIO

Santificados em Jesus Cristo, chamados à santidade (1Cor 1,2)

32. Estando para tratar de uma das funções prioritárias e fundamentais do Bispo — o ministério da santificação —, vêm-me ao pensamento as palavras que o apóstolo Paulo dirigiu aos fiéis de Corinto, expondo de algum modo diante dos seus olhos o mistério da sua vocação: "Santificados em Jesus Cristo, chamados à santidade com todos os que, em qualquer lugar, invocam o nome de Jesus Cristo Senhor deles e nosso" (1Cor 1,2). A santificação do cristão realiza-se na regeneração batismal, é corroborada pelos sacramentos da Confirmação e da Reconciliação e alimentada pela Eucaristia, o bem mais precioso da Igreja, o sacramento pelo qual a Igreja é constantemente edificada como Povo de Deus, corpo de Cristo e templo do Espírito Santo.[1]

---

[1] Cf. João Paulo II, Carta enc. *Ecclesia de Eucharistia* (17 de abril de 2003), nn. 22-24. São Paulo, Paulinas.

O ministro desta santificação, que se propaga na vida da Igreja, é o Bispo, sobretudo por meio da Liturgia sagrada. Desta, em especial da celebração eucarística, afirma-se que é meta e fonte da vida da Igreja.[2] De certo modo pode-se dizer o mesmo do ministério litúrgico do Bispo, pois este se apresenta como o momento central na sua atividade a favor da santificação do Povo de Deus.

De tudo isto resulta claramente a importância da vida litúrgica na Igreja particular, onde o Bispo exerce o seu ministério de santificação proclamando e pregando a Palavra de Deus, dirigindo a oração *pelo* seu povo e *com* o seu povo, presidindo à celebração dos sacramentos. Por este motivo, na Constituição dogmática *Lumen gentium* se atribui ao Bispo um título expressivo, tomado da oração da sagração episcopal no rito bizantino, ou seja, o de "*administrador da graça do supremo sacerdócio*, principalmente na Eucaristia, que ele mesmo oferece ou providencia para que seja oferecida, e pela qual vive e cresce a Igreja".[3]

Entre o ministério da santificação e os outros dois — o da palavra e o do governo — existe uma íntima e profunda correspondência. De fato, a prega-

[2] Cf. Conc. Ecum. Vat. II, Const. sobre a sagrada liturgia *Sacrosanctum Concilium*, n. 10.

[3] N. 26.

ção ordena-se para a participação da vida divina, que se obtém à dupla mesa da Palavra e da Eucaristia. A referida vida divina desenvolve-se e manifesta-se na existência cotidiana dos fiéis, pois todos são chamados a exprimir nas suas atitudes o que receberam pela fé.[4] O ministério de governo, por sua vez, como o de Jesus Bom Pastor, exprime-se em funções e obras que procuram fazer irromper na comunidade dos fiéis a plenitude de vida na caridade, a glória da Santíssima Trindade e o testemunho da sua presença amorosa no mundo.

Por isso, ao exercer o ministério da santificação (*munus sanctificandi*), o Bispo realiza o fim que se propõe o ministério do ensino (*munus docendi*) e simultaneamente recebe a graça para o ministério do governo (*munus regendi*), modelando as suas atitudes à imagem de Cristo Sumo Sacerdote, de tal modo que tudo se oriente para a edificação da Igreja e a glória da Santíssima Trindade.

Fonte e meta da vida da Igreja particular

33. O Bispo exerce o ministério da santificação por meio da celebração da Eucaristia e demais sacramentos, do louvor divino da Liturgia das Horas, da presidência dos outros ritos sagrados e também atra-

---

[4] Cf. Conc. Ecum. Vat. II, Const. sobre a sagrada liturgia *Sacrosanctum Concilium*, n. 10.

vés da promoção da vida litúrgica e da piedade popular autêntica. Naturalmente dentre todas as cerimônias presididas pelo Bispo, assumem relevo particular as celebrações onde ressalta a peculiaridade do ministério episcopal como plenitude do sacerdócio. Trata-se, especialmente, da administração do sacramento da Confirmação, das Ordens Sacras, da solene celebração da Eucaristia em que o Bispo está rodeado pelo seu presbitério e demais ministros — como na liturgia da Missa Crismal —, da dedicação das igrejas e dos altares, da consagração das virgens e de outros ritos importantes para a vida da Igreja particular. Nestas celebrações, o Bispo apresenta-se à vista de todos como o pai e o pastor dos fiéis, o "grande sacerdote" do seu povo (cf. Hb 10,21), o orante e o mestre da oração, que intercede pelos seus irmãos e, junto com o próprio povo, implora e dá graças ao Senhor, pondo em evidência o primado de Deus e da sua glória.

Destes vários momentos, como se duma fonte se tratasse, brota a graça divina que permeia toda a vida dos filhos de Deus ao longo da sua caminhada terrena, orientando-a para a sua meta e plenitude na pátria beatífica. Por isso, o ministério da santificação é um momento fundamental na promoção da esperança cristã. O Bispo não se limita apenas a anunciar, com a pregação da palavra, as promessas de Deus e a traçar as sendas do futuro, mas anima o Povo de Deus na sua peregrinação terrena e, através da celebração dos sacramentos que são o penhor da glória futura, faz-lhe saborear antecipadamente o seu destino final em comunhão com a Virgem Maria e os Santos, na certeza inabalável da vitória definitiva de Cristo sobre o pecado e a morte e da sua vinda gloriosa.

A importância da igreja catedral

34. Apesar de exercer o seu ministério de santificação em toda a diocese, o Bispo tem como ponto focal do mesmo a igreja catedral, que constitui de certo modo a igreja-mãe e o centro de convergência da Igreja particular.

Com efeito, a catedral é o lugar onde o Bispo tem a sua cátedra, a partir da qual educa e faz crescer o seu povo através da pregação, e preside às principais celebrações do ano litúrgico e dos sacramentos. Precisamente quando está sentado na sua cátedra, um Bispo apresenta-se à frente da assembléia dos fiéis como aquele que preside *in loco Dei Patris*; por isso mesmo, como já recordei, segundo uma tradição muito antiga tanto no Oriente como no Ocidente, só o Bispo é que pode sentar-se na cátedra episcopal. É a presença desta cátedra que constitui a igreja catedral como o centro espiritual concreto de unidade e comunhão para o presbitério diocesano e para todo o Povo santo de Deus.

A este respeito, não se pode esquecer a recomendação do Concílio Vaticano II de que "todos devem dar a maior importância à vida litúrgica da diocese que gravita em redor do Bispo, *sobretudo na igreja catedral*, convencidos de que a principal manifestação da Igreja se faz numa participação perfeita e ativa de todo o Povo santo de Deus na mesma celebração litúrgica, especialmente na mesma Eucaristia, numa única oração, ao redor do único altar a que preside o Bispo rodeado pelo presbitério e pelos ministros".[5] Por isso, é na catedral, onde se realiza o momento mais alto da vida da Igreja, que tem lugar também a ação mais excelsa e sagrada do *munus sanctificandi* do Bispo; tal múnus, bem como a própria liturgia a que ele preside, inclui simultaneamente a santificação das pessoas, o culto e a glória de Deus.

Esta manifestação do mistério da Igreja encontra circunstâncias privilegiadas em determinadas celebrações particulares. Entre estas, lembro a liturgia anual da Missa Crismal, que deve ser considerada "uma das principais manifestações da plenitude do sacerdócio do Bispo e um sinal da íntima união dos presbíteros com ele".[6] Ao longo desta celebração, juntamente com o óleo dos enfermos e o óleo dos catecúmenos, é

---

[5] Ibidem, n. 41.

[6] Pontifical Romano, *Bênção dos Óleos*, Preliminares, 1.

benzido o santo crisma, sinal sacramental de salvação e de vida perfeita para todos os que renascem pela água e pelo Espírito Santo. Entre as liturgias mais solenes, há que incluir sem dúvida também as celebrações em que são conferidas as Ordens Sacras, ritos estes que têm na igreja catedral o seu lugar próprio e normal.[7] A estas vêm juntar-se outras ocasiões, tais como a celebração do aniversário da sua dedicação e as festas dos Santos Padroeiros da diocese.

Estas e outras ocasiões, segundo o calendário litúrgico de cada diocese, são momentos preciosos para fortalecer os vínculos de comunhão com os presbíteros, as pessoas consagradas e os fiéis leigos, e para estimular o zelo missionário entre todos os membros da Igreja particular. Por isso, o *Caeremoniale Episcoporum* põe em evidência a importância, que têm a igreja catedral e as celebrações aí realizadas, para o bem e o exemplo de toda a Igreja particular.[8]

O Bispo, moderador da liturgia enquanto pedagogia da fé

35. Tendo em vista as circunstâncias atuais, os padres sinodais quiseram chamar a atenção para a im-

---

[7] Cf. Pontifical Romano, *Rito da Ordenação do Bispo, dos Presbíteros e dos Diáconos*, Preliminares, nn. 21, 108 e 182.

[8] Cf. nn. 42-54.

portância do ministério da santificação desempenhado na liturgia; esta, porém, deve realizar-se de forma a exercer toda a sua eficácia didática e educativa.[9] Isto requer que as celebrações litúrgicas sejam verdadeiramente *epifania do mistério*. Assim hão de exprimir claramente a natureza do culto divino, refletindo o sentido genuíno da Igreja que reza e celebra os mistérios divinos. Se as celebrações forem convenientemente participadas por todos, segundo os vários ministérios, não deixarão de resplandecer em dignidade e beleza.

Eu mesmo, no exercício do meu ministério, quis que as celebrações litúrgicas constituíssem uma prioridade, não só em Roma mas também durante as minhas viagens apostólicas pelos diversos continentes e nações. Fazendo brilhar a beleza e a dignidade da liturgia cristã em todas as suas expressões, procurei fomentar o sentido genuíno da santificação do nome de Deus para educar o sentimento religioso dos fiéis e abri-lo à transcendência.

Certo disto, exorto os meus irmãos Bispos, enquanto mestres da fé e participantes do supremo sacerdócio de Cristo, a que se empenhem com todas as forças na autêntica promoção da liturgia. Esta exige que, no modo de a celebrar, se anuncie com clareza a

---

[9] Cf. *Propositio* 17.

verdade revelada, se transmita fielmente a vida divina, se exprima sem ambigüidades a genuína natureza da Igreja. Que todos estejam conscientes da importância das celebrações sagradas dos mistérios da fé católica. A verdade da fé e da vida cristã transmite-se não só através das palavras, mas também dos sinais sacramentais e do conjunto dos ritos litúrgicos. É bem conhecido um antigo axioma, a este respeito, que vincula estritamente a *lex credendi* à *lex orandi*.[10]

Deste modo, cada Bispo seja exemplar na arte de presidir, ciente de *tractare mysteria*; possua também uma profunda vida teologal, que inspire o seu comportamento no contato com o Povo santo de Deus; seja capaz de transmitir o sentido sobrenatural das palavras, das orações e dos ritos, a fim de implicar a todos na participação dos santos mistérios. Além disso o Bispo deve, através duma promoção concreta e apropriada da pastoral litúrgica na diocese, fazer com que os ministros e o povo adquiram uma autêntica compreensão e experiência da liturgia, para permitir que os fiéis alcancem aquela participação plena, consciente, ativa e frutuosa nos santos mistérios, desejada pelo Concílio Vaticano II.[11]

---

[10] *Legem credendi lex statuat supplicandi*: São Celestino, *Ad Galliarum episcopos*: *PL* 45, 1759.

[11] Cf. Const. sobre a sagrada liturgia *Sacrosanctum Concilium,* nn. 11 e 14.

Assim as celebrações litúrgicas, especialmente as presididas pelo Bispo na sua catedral, hão de ser proclamações claras da fé da Igreja, momentos privilegiados em que o Pastor apresenta o mistério de Cristo aos fiéis e os ajuda a entrar nele progressivamente para fazerem uma consoladora experiência do mesmo e testemunhá-lo depois nas obras de caridade (cf. Gl 5,6).

Vista a importância duma correta transmissão da fé na sagrada liturgia da Igreja, o Bispo não deixe, a bem dos fiéis, de vigiar cuidadosamente para que sejam observadas sempre, por todos e em toda a parte, as normas litúrgicas em vigor. Isto inclui também uma correção firme e tempestiva dos abusos e a eliminação de qualquer arbitrariedade no campo litúrgico. O Bispo por si mesmo, naquilo que dele depender, ou em colaboração com as Conferências Episcopais e as relativas Comissões Litúrgicas, cuide por que a mesma dignidade e verdade das celebrações litúrgicas seja observada nas transmissões radiofônicas e televisivas.

A centralidade do Dia do Senhor e do ano litúrgico

36. A vida e o ministério do Bispo devem estar de certo modo permeados pela presença do Senhor no seu mistério. De fato, o crescimento em toda a diocese da convicção acerca da centralidade espiritual,

catequética e pastoral da liturgia depende em grande parte do exemplo do Bispo.

Ao centro do seu ministério, aparece a celebração do mistério pascal de Cristo no domingo, o Dia do Senhor. Como já disse várias vezes, mesmo recentemente, para se dar um sinal forte da identidade cristã no nosso tempo é preciso restituir a centralidade à celebração do Dia do Senhor e, nele, à celebração da Eucaristia. O domingo é um dia que deve ser sentido como "um dia especial da fé, dia do Senhor ressuscitado e do dom do Espírito, verdadeira Páscoa da semana".[12]

A presença do Bispo, que ao domingo — também Dia da Igreja — preside à Eucaristia na sua catedral ou nas paróquias da diocese, pode ser um sinal exemplar de fidelidade ao mistério da Ressurreição e um motivo de esperança para o Povo de Deus na sua peregrinação, de domingo para domingo, até ao oitavo dia sem ocaso da Páscoa eterna.[13]

Ao longo do ano litúrgico, a Igreja revive todo o mistério de Cristo, desde a Encarnação e Nascimento do Senhor até a Ascensão, o dia de Pentecostes e a ex-

---

[12] João Paulo II, Carta ap. *Novo millennio ineunte* (6 de janeiro de 2001), 35: *AAS* 93 (2001), 291.

[13] Cf. *Propositio* 17.

pectativa em jubilosa esperança do regresso glorioso do Senhor.[14] Naturalmente o Bispo reservará uma atenção particular à preparação e celebração do Tríduo Pascal, núcleo do ano litúrgico inteiro, com a solene Vigília de Páscoa e o seu prolongamento pelos cinqüenta dias pascais.

Com a sua cadência cíclica, o ano litúrgico pode ser convenientemente valorizado para uma programação pastoral da vida da diocese à volta do mistério de Cristo, na expectativa da sua vinda gloriosa. Neste itinerário de fé, a Igreja é sustentada pela recordação da Virgem Maria, a qual, no céu, "glorificada já em corpo e alma [...], brilha como sinal de esperança segura e de consolação para o Povo de Deus ainda peregrinante".[15] A alimentar a referida esperança contribui também a memória dos mártires e outros santos, "os quais, tendo pela graça multiforme de Deus atingido a perfeição e alcançado a salvação eterna, cantam hoje a Deus no céu o louvor perfeito e intercedem por nós".[16]

---

[14] Cf. Conc. Ecum. Vat. II, Const. sobre a sagrada liturgia *Sacrosanctum Concilium,* n. 102.

[15] Conc. Ecum. Vat. II, Const. dogm. sobre a Igreja *Lumen gentium*, n. 68.

[16] Conc. Ecum. Vat. II, Const. sobre a sagrada liturgia *Sacrosanctum Concilium*, n. 104.

O Bispo ministro da celebração eucarística

37. No centro do *munus sanctificandi* do Bispo está a Eucaristia, que ele mesmo oferece ou providencia para que seja oferecida, e nela de modo especial se manifesta o seu ofício de "administrador" ou ministro da graça do supremo sacerdócio.[17]

É que o Bispo contribui para a edificação da Igreja, mistério de comunhão e missão, sobretudo quando preside à assembléia eucarística. De fato, a Eucaristia é o princípio essencial da vida não só de cada um dos fiéis, mas também da própria comunidade em Cristo. Os fiéis, congregados pela pregação do Evangelho, formam comunidades, nas quais está verdadeiramente presente a Igreja de Cristo; ora isto transparece com singular evidência precisamente na celebração do sacrifício eucarístico.[18] A tal respeito, é conhecida a doutrina do Concílio Vaticano II: "Em qualquer comunidade que participa do altar sob o ministério sagrado do Bispo, é manifestado o símbolo do amor e da unidade do Corpo místico, sem o que não pode haver salvação. Nestas comunidades, embora muitas vezes pequenas e pobres, ou dispersas, está presente Cristo, por

---

[17] Cf. Conc. Ecum. Vat. II, Const. dogm. sobre a Igreja *Lumen gentium*, n. 26.

[18] Cf. João Paulo II, Carta enc. *Ecclesia de Eucharistia* (17 de abril de 2003), n. 21: *AAS* 95 (2003), 447-448.

cujo poder se unifica a Igreja una, santa, católica e apostólica. Pois outra coisa não faz a participação no corpo e sangue de Cristo, do que transformar-nos naquilo que recebemos".[19]

Além disso, é da celebração eucarística, "fonte e coroa de toda a evangelização",[20] que brota também todo o esforço missionário da Igreja, tendente a manifestar a outros, pelo testemunho da vida, o mistério vivido na fé.

Dentre todos os encargos do ministério pastoral do Bispo, o mais imperioso e importante é a responsabilidade pela celebração da Eucaristia. Compete-lhe, de fato, como um dos seus deveres principais, providenciar para que os fiéis tenham a possibilidade de aceder à mesa do Senhor, sobretudo ao domingo que, como há pouco recordei, é o dia em que a Igreja — comunidade e família dos filhos de Deus — descobre a sua peculiar identidade cristã ao redor dos presbíteros.[21]

---

[19] Const. dogm. sobre a Igreja *Lumen gentium*, n. 26.

[20] Conc. Ecum. Vat. II, Decr. sobre o ministério e a vida sacerdotal *Presbyterorum ordinis*, n. 5.

[21] Cf. Conc. Ecum. Vat. II, Const. dogm. sobre a Igreja *Lumen gentium*, n. 28; João Paulo II, Carta enc. *Ecclesia de Eucharistia* (17 de abril de 2003), nn. 41-42: *AAS* 95 (2003), 460-461.

Sucede porém que, em certas regiões, devido à escassez de sacerdotes ou por outras razões graves e persistentes, não se consegue garantir a celebração eucarística com a devida normalidade. Isto agrava o dever do Bispo, enquanto pai de família e ministro da graça, de preocupar-se continuamente por discernir as reais necessidades e a gravidade das situações. Será necessário proceder a uma sensata distribuição dos membros do presbitério de modo que, mesmo em tais emergências, as comunidades não fiquem muito tempo privadas da celebração eucarística.

Na falta da Santa Missa, o Bispo procure que a comunidade, embora vivendo sempre na expectativa da plenitude do encontro com Cristo na celebração do mistério pascal, possa contar, pelo menos aos domingos e dias santos, com uma celebração especial. Os fiéis, dirigidos por ministros responsabilizados para esta situação, poderão usufruir do dom da Palavra proclamada e da comunhão eucarística, graças à celebração prevista para o efeito das assembléias dominicais na ausência do presbítero.[22]

---

[22] Cf. Congr. para o Clero (e outras), Instr. acerca de algumas questões sobre a colaboração dos fiéis leigos no sagrado ministério dos sacerdotes *Ecclesiae de mysterio* (15 de agosto de 1997), "Disposições práticas", art. 7: *AAS* 89 (1997), 869-870.

O Bispo, responsável da iniciação cristã

38. Nas circunstâncias atuais da Igreja e do mundo, tanto nas Igrejas jovens como nos países onde o cristianismo se estabeleceu há séculos, tem-se revelado providencial a recuperação da disciplina da iniciação cristã, sobretudo para adultos, que goza na Igreja de grande tradição. Foi uma previdente decisão do Concílio Vaticano II,[23] que quis deste modo oferecer um caminho de encontro com Cristo e com a Igreja a tantos homens e mulheres, tocados pela graça do Espírito e desejosos de entrar em comunhão com o mistério da salvação em Cristo, morto e ressuscitado por nós.

Através do itinerário da iniciação cristã, os catecúmenos são introduzidos progressivamente no conhecimento do mistério de Cristo e da Igreja, numa certa analogia com a origem, crescimento e sustento da vida natural. Tendo renascido no Batismo, que os torna participantes do sacerdócio real, os fiéis são corroborados na Confirmação — cujo ministro primeiro é o Bispo — com uma especial efusão de dons do Espírito. Depois, participando na Eucaristia, são nutridos com o alimento da vida eterna e plenamente inseridos na Igreja, o Corpo místico de Cristo. Deste modo, os fiéis, "por estes sacramentos da iniciação cristã,

---

[23] Cf. Const. sobre a sagrada liturgia *Sacrosanctum Concilium*, n. 64.

recebem cada vez mais riquezas da vida divina e avançam para a perfeição da caridade".[24]

Os Bispos, tendo em conta as circunstâncias atuais, hão de pôr em prática as prescrições do *Rito da Iniciação Cristã dos Adultos*. Por isso terão a peito que haja em cada diocese as estruturas e os agentes pastorais necessários para garantirem, no modo mais digno e eficaz possível, a atuação das normativas e da disciplina litúrgica, catequética e pastoral da iniciação cristã, adaptada às necessidades dos nossos tempos.

Por sua própria natureza de progressivo inserimento no mistério de Cristo e da Igreja, mistério este que vive e atua em cada Igreja particular, o itinerário da iniciação cristã requer a presença e o ministério do Bispo diocesano, especialmente na fase culminante do caminho, ou seja, na administração dos sacramentos do Batismo, da Confirmação e da Eucaristia, que tem lugar normalmente na Vigília Pascal.

O Bispo tem ainda a obrigação de disciplinar, segundo as leis da Igreja, tudo o que diz respeito à iniciação cristã das crianças e dos jovens, determinando o que é conveniente para a sua preparação catequética e gradual empenho na vida da comunidade. Deverá também vigiar por que eventuais percursos de

---

[24] Paulo VI, Const. ap. *Divinae consortium naturae* (15 de agosto de 1971): *AAS* 63 (1971), 657.

catecumenato, ou de retoma e potenciamento dos caminhos da iniciação cristã, ou então de aproximação aos fiéis que se afastaram da vida de fé normal e comunitária, se realizem segundo as normas da Igreja e em plena sintonia com a vida das comunidades paroquiais na diocese.

Relativamente ao sacramento da Confirmação, o Bispo, enquanto seu ministro primeiro, procurará ser ele próprio normalmente a administrá-la. A sua presença no meio da comunidade paroquial, que, em virtude da fonte batismal e da mesa eucarística, constitui o lugar natural e ordinário do caminho da iniciação cristã, evoca eficazmente o mistério do Pentecostes e revela-se sumamente útil para robustecer os vínculos da comunhão eclesial entre pastor e fiéis.

A responsabilidade do Bispo na disciplina penitencial

39. Os padres sinodais reservaram, nas suas intervenções, particular atenção à disciplina penitencial, ressaltando a sua importância e pondo em evidência o cuidado especial que os Bispos, como sucessores dos Apóstolos, devem prestar à pastoral e à disciplina do sacramento da Penitência. Foi com alegria que os ouvi repetir algo que é profunda convicção minha, isto é, que deve ser atribuída a máxima atenção pastoral a

este sacramento da Igreja, fonte de reconciliação, paz e alegria para todos nós que necessitamos da misericórdia do Senhor e da cura das feridas do pecado.

Ao Bispo, como primeiro responsável da disciplina penitencial na sua Igreja particular, compete antes de mais nada a obrigação de fazer o convite *kerygmatico* à conversão e à penitência. É seu dever proclamar, com liberdade evangélica, a triste e ruinosa presença do pecado na vida dos homens e na história das comunidades. Simultaneamente deve anunciar o mistério insondável da misericórdia que Deus nos concedeu na cruz e ressurreição do seu Filho, Jesus Cristo, e na efusão do Espírito para a remissão dos pecados. Um tal anúncio, que é também convite à reconciliação e apelo à esperança, está no âmago do Evangelho. É o primeiro anúncio dos Apóstolos no dia de Pentecostes, um anúncio no qual se revela o sentido da graça da salvação, comunicada através dos sacramentos.

Sempre que necessário, o Bispo seja um ministro exemplar do sacramento da Penitência, e a este recorra assídua e fielmente também ele mesmo. Não deixe de exortar os seus sacerdotes a terem em grande estima o ministério da reconciliação recebido na ordenação sacerdotal, encorajando-os a exercê-lo com generosidade e sentido sobrenatural, imitando o Pai, que acolhe os que voltam à casa paterna, e Cristo Bom

Pastor, que carrega sobre os seus ombros a ovelha perdida.[25]

A responsabilidade do Bispo inclui também o dever de vigiar para que não se verifique o recurso à absolvição geral fora das normas do direito. A este respeito sublinhei, na carta apostólica *Misericordia Dei*, que os Bispos têm o dever de lembrar a disciplina em vigor, segundo a qual a confissão individual e íntegra e a absolvição constituem o único modo ordinário de o fiel, consciente de pecado grave, se reconciliar com Deus e com a Igreja. Somente a impossibilidade física ou moral dispensa desta forma ordinária, podendo então obter-se a reconciliação por outros meios. O Bispo não deixará de recordar, a todos aqueles que, em razão do ofício, é requerido o cuidado das almas, o dever de oferecer aos fiéis a oportunidade de se abeirarem da confissão individual.[26] Encarregar-se-á de verificar também que sejam efetivamente dadas aos fiéis as maiores facilitações para poderem confessar-se.

Considerado à luz da Tradição e do Magistério da Igreja o laço íntimo que existe entre o sacramento da Reconciliação e a participação na Eucaristia, sente-se hoje uma necessidade cada vez maior de formar a consciência dos fiéis para participarem digna e fru-

---

[25] Cf. *Propositio* 18.

[26] Cf. Motu proprio *Misericordia Dei* (7 de abril de 2002), n. 1: *AAS* 94 (2002), 453-454.

tuosamente no Banquete eucarístico, abeirando-se em estado de graça.[27]

Além disso, é útil lembrar que pertence também ao Bispo o dever de regular, de modo conveniente e com uma cuidadosa seleção de ministros apropriados, a disciplina que preside ao exercício dos exorcismos e às celebrações de oração para obter as curas, no respeito dos recentes documentos da Santa Sé.[28]

Sensíveis à piedade popular

40. Os padres sinodais reafirmaram a importância que tem a piedade popular na transmissão e progresso da fé. De fato, como sustentava o meu predecessor de veneranda memória Paulo VI, ela é rica de valores relativamente a Deus e aos irmãos,[29] constituindo um verdadeiro e próprio tesouro de espiritualidade na vida da comunidade cristã.

Também no nosso tempo, marcado por crescente sede de espiritualidade que freqüentemente motiva a adesão de muitos a seitas religiosas ou a outras for-

---

[27] Cf. *Propositio* 18.

[28] Cf. Rituale Romanum, *De Exorcismis et supplicationibus quibusdam* (22 de novembro de 1998); Congr. para a Doutrina da Fé, Instr. sobre *As orações para alcançar de Deus a cura* (14 de setembro de 2000): *L'Osservatore Romano* (ed. port. de 2/XII/2000), 558-559.564.

[29] Cf. Exort. ap. *Evangelii nuntiandi* (8 de dezembro de 1975), n. 48: *AAS* 68 (1976), 37-38.

mas de vago espiritualismo, os Bispos são chamados a discernir e favorecer os valores e as formas da verdadeira piedade popular.

Continuam atuais as seguintes palavras da Exortação apostólica *Evangelii nuntiandi*: "A caridade pastoral há de ditar, a todos aqueles que o Senhor colocou como chefes de comunidades eclesiais, as normas de procedimento em relação a esta realidade, ao mesmo tempo tão rica e tão vulnerável. Antes de mais importa ser sensível em relação a ela, saber aperceber-se das suas dimensões interiores e dos seus inegáveis valores, estar disposto a ajudá-la a superar os seus perigos de desvio. Bem orientada, esta religiosidade popular pode vir a ser cada vez mais, para as nossas massas populares, um verdadeiro encontro com Deus em Jesus Cristo".[30]

Assim é preciso orientar esta religiosidade, purificando, se necessário, as suas manifestações segundo os princípios da fé e da vida cristã. Através da piedade popular, os fiéis devem ser induzidos ao encontro pessoal com Cristo, à comunhão com a Bem-aventurada Virgem Maria e os Santos, especialmente através da escuta da Palavra de Deus, do recurso à oração, da participação na vida sacramental, do testemunho da caridade e das obras de misericórdia.[31]

---

[31] Cf. *Propositio* 19.

[30] Ibidem, n. 48: op. cit., nn. 37-38.

Para uma reflexão mais ampla sobre o assunto, podendo contar aí com uma preciosa série de sugestões teológicas, pastorais e espirituais, tenho o gosto de remeter para os documentos emanados por esta Sé Apostólica, onde, para além do mais, se lembra que todas as manifestações da piedade popular estão sob·a responsabilidade do Bispo, na própria diocese. Compete-lhe regulamentá-las, estimulá-las na sua função de ajudar os fiéis na própria vida cristã, purificá-las no que for necessário e evangelizá-las.[32]

A promoção da santidade de todos os fiéis

41. O ministério de santificação do Bispo tem por objetivo a santidade do Povo de Deus, que é dom da graça divina e manifestação do primado de Deus na vida da Igreja. Por isso, no seu ministério, deve fomentar incansavelmente uma verdadeira e própria pastoral e pedagogia da santidade, de tal modo que se realize o programa, proposto no capítulo quinto da Constituição *Lumen gentium*, sobre a vocação universal à santidade.

Foi este programa que quis, ao início do terceiro milênio, propor a toda a Igreja como prioridade pasto-

---

[32] Cf. Congr. para o Culto Divino e a Disciplina dos Sacramentos, *Diretório sobre Piedade Popular e Liturgia* (17 de dezembro de 2001), n. 21. São Paulo, Paulinas.

ral e fruto do grande Jubileu da Encarnação.[33] É que a santidade constitui, ainda hoje, um sinal dos tempos, uma prova da verdade do cristianismo que resplandece nos seus melhores expoentes, tanto naqueles que em grande número foram elevados às honras dos altares, como naqueles — ainda mais numerosos — que de forma velada fecundaram e continuam a fecundar a história dos homens com a santidade humilde e alegre do cotidiano. Mesmo no nosso tempo, não faltam realmente preciosos testemunhos de formas de santidade, pessoal e comunitária, que constituem um sinal de esperança para todos, inclusive para as novas gerações.

Assim, para fazer despontar o testemunho da santidade, exorto os meus Irmãos Bispos a procurarem identificar e pôr em evidência os sinais da santidade e das virtudes heróicas que ainda hoje se manifestam, especialmente quando se trata de fiéis leigos das suas dioceses, em particular cônjuges cristãos. No caso em que tal resultasse verdadeiramente conveniente, encorajo-os a promoverem os relativos processos de canonização.[34] Isso poderá constituir um sinal de esperança para todos e um motivo de encorajamento, para a caminhada do Povo de Deus, no testemunho que oferece ao mundo sobre a presença permanente da graça no tecido dos acontecimentos humanos.

---

[33] Cf. Carta ap. *Novo millennio ineunte* (6 de janeiro de 2001), nn. 29-41: *AAS* 93 (2001), 285-295.

[34] Cf. *Propositio* 48.

CAPÍTULO V

O GOVERNO PASTORAL
DO BISPO

Dei-vos o exemplo (Jo 13,15).

42. Quando trata do dever de governar a família de Deus e assumir o cuidado cotidiano e habitual do rebanho do Senhor Jesus, o Concílio Vaticano II ensina que os Bispos, no exercício do seu múnus de pai e pastor, devem comportar-se entre os seus fiéis como "quem serve", tendo sempre diante dos olhos o exemplo do Bom Pastor que veio, não para ser servido, mas para servir e dar a sua vida pelas ovelhas (cf. Mt 20,28; Mc 10,45; Lc 22,26-27; Jo 10,11).[1]

Esta imagem de Jesus, modelo supremo do Bispo, encontra uma eloqüente expressão no gesto do lava-pés, narrado no evangelho de são João: "Antes da festa da Páscoa, sabendo Jesus que chegara a sua hora de passar deste mundo para o Pai, ele que amara os seus que estavam no mundo, levou até o extremo o seu amor por eles. E, no decorrer da ceia, [...] levantou-se da

---

[1] Cf. Const. dogm. sobre a Igreja *Lumen gentium*, n. 27; Decr. sobre o múnus pastoral dos Bispos na Igreja *Christus Dominus*, n. 16.

mesa, tirou as vestes e, tomando uma toalha, colocou-a na cintura. Depois, deitou água numa bacia e começou a lavar os pés dos discípulos e a enxugá-los com a toalha que pusera à cintura. [...] Depois de lhes lavar os pés, de retomar as suas vestes e de se pôr de novo à mesa, disse-lhes: [...] Dei-vos o exemplo, para que, como eu vos fiz, façais vós também" (Jo 13,1-15).

Então contemplemos Jesus enquanto realiza este gesto que parece dar-nos a chave para compreendermos o seu próprio ser e a sua missão, a sua vida e a sua morte. Contemplemos também o amor de Jesus, que se traduz em obras, em gestos concretos. Contemplemos Jesus que assume profundamente, com radicalidade absoluta, a forma de servo (cf. Fl 2,7). Ele, Mestre e Senhor em cujas mãos o Pai depositara todas as coisas, amou-nos até o extremo, chegando a entregar-se totalmente nas mãos dos homens, deles aceitando tudo o que haveriam de fazer-lhe depois. Aquele gesto de Jesus é um gesto de amor realizado no âmbito da instituição da Eucaristia e claramente na perspectiva da paixão e da morte. Trata-se dum gesto que, se manifesta o sentido da Encarnação, revela ainda mais a própria essência de Deus. Deus é amor, e por isso assumiu a condição de servo: Deus pôs-se ao serviço do homem, para levar o homem à plena comunhão com ele.

Ora se tal é o Mestre e Senhor, então o sentido do ministério e do próprio ser de quem, como os Doze, é chamado a entrar na maior intimidade com Jesus, só pode consistir numa disponibilidade total e sem condições aos outros, quer já pertençam ao aprisco, quer ainda não (cf. Jo 10,16).

A autoridade de serviço pastoral do Bispo

43. O Bispo é enviado, em nome de Cristo, como pastor para cuidar duma determinada porção do Povo de Deus. Por meio do Evangelho e da Eucaristia, deve fazê-la crescer como realidade de comunhão no Espírito Santo.[2] Disto deriva para o Bispo a representação e o governo da Igreja que lhe foi confiada — com o poder necessário para exercer o ministério pastoral recebido sacramentalmente (*munus pastorale*) — como participação da própria consagração e missão de Cristo.[3] Em virtude disso, "os Bispos governam as Igrejas particulares que lhes foram confiadas como vigários e legados de Cristo, por meio de conselhos, persuasões, exemplos, mas também com autoridade e poder sagrado, que exercem unicamente para edificar o pró-

[2] Cf. Conc. Ecum. Vat. II, Decr. sobre o múnus pastoral dos Bispos na Igreja *Christus Dominus*, n. 11; *Código de Direito Canônico*, cân. 369; *Código dos Cânones das Igrejas Orientais*, cân. 177-§ 1.

[3] Cf. Conc. Ecum. Vat. II, Const. dogm. sobre a Igreja *Lumen gentium*, n. 27; Decr. sobre o múnus pastoral dos Bispos na Igreja *Christus Dominus*, n. 8; *Código de Direito Canônico*, cân. 381-§ 1; *Código dos Cânones das Igrejas Orientais*, cân. 178.

prio rebanho na verdade e na santidade, lembrados de que aquele que é maior se deve fazer como o menor, e o que preside como aquele que serve (cf. Lc 22,26-27)".[4]

Este texto conciliar é uma síntese admirável da doutrina católica a propósito do governo pastoral do Bispo, sendo retomado no rito da sua Ordenação: "O episcopado significa trabalho, não honra; e o Bispo, mais do que presidir, tem obrigação de servir. Segundo o ensinamento do Mestre, o que é maior seja como o mais pequeno, e o que preside como quem serve".[5] Está aqui o princípio fundamental segundo o qual a autoridade na Igreja — assim o afirma são Paulo — tem como finalidade a edificação do Povo de Deus, não a sua ruína (cf. 2Cor 10,8). A edificação da grei de Cristo na verdade e na santidade, como diversas vezes foi dito na aula sinodal, requer da parte do Bispo algumas qualidades, entre as quais se contam a vida exemplar, a capacidade de relação autêntica e construtiva com as pessoas, a predisposição para estimular e desenvolver a cooperação, a amabilidade e a paciência, a compreensão e a compaixão pelas misérias da alma e do corpo, a indulgência e o perdão. Trata-se efetivamente de exprimir do melhor modo possível o modelo supremo, que é Jesus Bom Pastor.

---

[4] Conc. Ecum. Vat. II, Const. dogm. sobre a Igreja *Lumen gentium*, n. 27.

[5] Pontifical Romano, *Rito da Ordenação do Bispo*, Homilia proposta.

O poder do Bispo é um verdadeiro poder, mas iluminado pela luz do Bom Pastor e moldado segundo o seu modelo. Exercido em nome de Cristo, este poder é "próprio, ordinário e imediato, embora o seu exercício seja superiormente regulado pela suprema autoridade da Igreja e possa ser circunscrito dentro de certos limites para utilidade da Igreja ou dos fiéis. Por virtude deste poder, têm os Bispos o sagrado direito e o dever, perante o Senhor, de promulgar leis para os seus súditos, de julgar e de orientar todas as coisas que pertencem à ordenação do culto e do apostolado".[6] Assim, em virtude do ofício que lhe foi confiado, o Bispo está investido de poder jurídico objetivo, destinado a exprimir-se em atos de poder pelos quais realiza o ministério de governo (*munus pastorale*) recebido no sacramento.

Mas o governo do Bispo só será pastoralmente eficaz — importa lembrá-lo também neste caso —, se gozar do apoio duma boa credibilidade moral, que deriva da sua santidade de vida. Tal credibilidade predisporá as mentes para acolherem o Evangelho anunciado por ele na sua Igreja e também as normas que ele estabelecer para o bem do Povo de Deus. Por isso, santo Ambrósio admoestava: "Nos sacerdotes, não se

---

[6] Conc. Ecum. Vat. II, Const. dogm. sobre a Igreja *Lumen gentium*, n. 27; cf. *Código de Direito Canónico*, cân. 381-§1; *Código dos Cânones das Igrejas Orientais*, cân. 178.

procure nada de vulgar, nada tem de comum com as aspirações, os hábitos, os costumes do povo rude. A dignidade sacerdotal reivindica para si própria uma ponderação que se mantém afastada dos tumultos, uma vida austera e uma singular credibilidade".[7]

O exercício da autoridade na Igreja não pode ser concebido como algo de impessoal e burocrático, precisamente porque se trata duma autoridade que nasce do testemunho. Em tudo o que o Bispo diz e faz, deve ser revelada a autoridade da palavra e da ação de Cristo. Se faltasse a credibilidade da santidade de vida do Bispo, isto é, o seu testemunho de fé, esperança e caridade, dificilmente o seu governo poderia ser sentido pelo Povo de Deus como manifestação da presença operante de Cristo na sua Igreja.

Ministros, por vontade do Senhor, da apostolicidade da Igreja e revestidos com a força do Espírito do Pai, que governa e guia (*Spiritus principalis*), os Bispos são sucessores dos Apóstolos não apenas na autoridade e no poder sagrado, mas também na forma de vida apostólica, nos sofrimentos que padecem por causa do anúncio e difusão do Evangelho, no cuidado terno e misericordioso dos fiéis que lhe estão confia-

---

[7] *Ad Irenaeum, Epistulae* lib. I, ep. VI: *Sancti Ambrosii episcopi Mediolanensis opera* (Milão-Roma 1988), 19, 66.

dos, na defesa dos mais débeis, na solicitude constante pelo Povo de Deus.

Na aula sinodal, foi lembrado como, depois do Concílio Vaticano II, o exercício da autoridade na Igreja se revelou freqüentemente árduo. Apesar de parecerem superadas algumas das dificuldades mais extremas, tal situação perdura ainda; a questão que se coloca é como tornar mais bem compreendido, aceite e cumprido o serviço necessário da autoridade. Uma primeira resposta ao problema provém precisamente da natureza da autoridade eclesial: esta é — e deve manifestar-se o mais claramente possível — uma participação na missão de Cristo que há de ser vivida e exercida na humildade, na dedicação e no serviço.

A valorização da autoridade do Bispo advém, não das suas exterioridades, mas do aprofundamento do significado teológico, espiritual e moral do seu ministério, fundado no carisma da apostolicidade. Quanto foi dito na aula sinodal acerca do ícone do lava-pés e sobre o relacionamento da figura do servo com a do pastor, ajuda a compreender que o episcopado é verdadeiramente uma honra quando é serviço. Por isso, cada Bispo deve aplicar a si próprio a palavra de Jesus: "Sabeis como os governantes das nações fazem sentir o seu domínio sobre elas e os magnatas, a sua autoridade. Não deve ser assim entre vós. Quem quiser ser grande entre vós, faça-se vosso servo, e quem quiser ser o primeiro entre vós, faça-se escravo de todos. Porque o Filho do Homem também não veio para ser servido, mas para servir e dar a vida em resgate por todos" (Mc 10,42-45). Recordando-se destas palavras do Senhor, o Bispo governa com o coração do servo humilde e do pastor afetuoso, que guia o seu rebanho procurando a glória de Deus e a salvação das almas (cf. Lc 22,26-27). Se assim for vivida, a forma de governo do Bispo será verdadeiramente única no mundo.

Já foi citado o texto da *Lumen gentium* que afirma que os Bispos regem as Igrejas particulares a eles confiadas como vigários e legados de Cristo, "por meio de conselhos, persuasões e exemplos".[8] Não há contradição entre estas palavras e as que o mesmo documento conciliar acrescenta a seguir: é verdade que os Bispos governam por meio de conselhos, persuasões e exemplos "mas também com autoridade e poder sagrado".[9] Trata-se efetivamente dum "poder sagrado", cujas raízes assentam na credibilidade moral de que se reveste o Bispo pela sua santidade de vida. É esta precisamente que facilita o bom acolhimento de toda a sua ação de governo e a torna eficaz.

---

[8] N. 27

[9] Ibidem, n. 27

Estilo pastoral de governo e comunhão diocesana

44. A vivência da comunhão eclesial levará o Bispo a um estilo pastoral cada vez mais aberto à colaboração de todos. Há uma espécie de circularidade entre aquilo que o Bispo tem a responsabilidade pessoal de decidir para o bem da Igreja confiada aos seus cuidados e o contributo que os fiéis lhe podem oferecer através dos órgãos consultivos, tais como o sínodo diocesano, o conselho presbiteral, o conselho episcopal, o conselho pastoral.[10]

Os padres sinodais não deixaram de fazer referência a estas modalidades no exercício do governo episcopal, pelas quais se organiza a ação pastoral na diocese.[11] De fato, a Igreja particular não faz referência apenas ao tríplice ministério episcopal (*munus episcopale*), mas também à tríplice função — profética, sacerdotal e real — de todo o Povo de Deus; em virtude do Batismo, todos os fiéis participam, segundo o modo próprio de cada um, do tríplice *munus* de Cristo. A sua real igualdade quanto a dignidade e atuação faz com que todos sejam chamados a cooperar para

---

[10] Cf. *Código de Direito Canônico*, cân(s). 204-§ 1; 208; 212-§§ 2 e 3; *Código dos Cânones das Igrejas Orientais*, cân(s). 7-§ 1; 11; 15-§§ 2 e 3.

[11] Cf. *Propositio* 35.

a edificação do Corpo de Cristo e, conseqüentemente, a cumprir a missão que Deus confiou à Igreja no mundo, segundo a condição e a função próprias de cada um.[12]

Qualquer gênero de distinção entre os fiéis, com base na diferença de carismas, funções, ministérios, tem em vista o serviço dos outros membros do Povo de Deus. A distinção ontológica-funcional, que coloca o Bispo "perante" os outros fiéis devido à plenitude do sacramento da Ordem recebido, faz dele um *ser para* os outros fiéis, sem por isso o desenraizar do seu *ser com* eles.

A Igreja é uma comunhão orgânica, que se realiza através da coordenação dos vários carismas, ministérios e serviços em ordem à consecução do fim comum que é a salvação. O Bispo é responsável pela realização desta unidade na diversidade, procurando, como ficou dito na assembléia sinodal, favorecer de tal modo a sinergia entre os diversos agentes que seja possível percorrerem juntos o caminho comum de fé e missão.[13]

Dito isto, é necessário, porém, acrescentar que o ministério do Bispo não se pode absolutamente redu-

---

[12] Cf. Conc. Ecum. Vat. II, Const. dogm. sobre a Igreja *Lumen gentium*, n. 32; *Código de Direito Canônico*, cân(s). 204-§ 1; 208.

[13] Cf. *Propositio* 35.

zir à tarefa de um simples moderador. Por sua nature-za, o *munus episcopale* implica um claro e inequívoco direito-dever de governo, no qual está incluída tam-bém a componente jurisdicional. Os pastores são tes-temunhas públicas e a sua *potestas testandi fidem* al-cança a sua plenitude na *potestas iudicandi*: o Bispo é chamado não só a testemunhar a fé, mas também a avaliar e a disciplinar as suas manifestações nos cren-tes confiados aos seus cuidados pastorais. No cumpri-mento deste seu dever, fará todo o possível para ter o consenso dos seus fiéis, mas em última análise há de saber assumir-se a responsabilidade das decisões que resultarem necessárias à sua consciência de pastor, preocupado sobretudo com o juízo futuro de Deus.

A comunhão orgânica eclesial chama em causa a responsabilidade pessoal do Bispo, mas supõe também a participação de todas as categorias de fiéis, enquanto co-responsáveis do bem da Igreja particular que eles mesmos formam. O que garante a autenticidade da re-ferida comunhão orgânica é a ação do Espírito, que age quer na responsabilidade pessoal do Bispo, quer na participação que nela tomam os fiéis. Com efeito o Espírito, fundamento tanto da igualdade batismal de todos os fiéis como da diversidade carismática e mi-nisterial de cada um, pode atuar eficazmente a comu-nhão. É sobre a base destes princípios que se regem os sínodos diocesanos, cujo perfil canônico — estabelecido nos cânones 460-468 do Código de Direito Canônico — foi especificado pela *Instrução interdicasterial* de 19 de março de 1997.[14] E deverão ater-se à substância de tais normas também as outras assembléias diocesanas, que o Bispo presidirá sem nunca abdicar da sua específica responsabilidade.

Se no Batismo cada cristão recebe o amor de Deus através da efusão do Espírito Santo, o Bispo — como oportunamente lembrou a assembléia sinodal — pelo sacramento da Ordem recebe no seu coração a caridade pastoral de Cristo. Esta caridade pastoral tem como finalidade criar a comunhão.[15] Antes de traduzir em diretrizes de ação este amor-comunhão, o Bispo deve esforçar-se por torná-lo presente no seu coração e no coração da Igreja através duma vida autenticamente espiritual.

Se a comunhão exprime a essência da Igreja, é normal que a espiritualidade de comunhão tenda a manifestar-se quer no âmbito pessoal quer no comunitário, suscitando sempre novas formas de participação e co-responsabilidade nas várias categorias de fiéis. Por isso, o Bispo esforçar-se-á por suscitar, na sua Igreja particular, estruturas de comunhão e participação, que

---

[14] Cf. *AAS* 89 (1997), 706-727. Idêntico discurso vale para as Assembléias Eparquiais, de que tratam os cânones 235-242 do *Código dos Cânones das Igrejas Orientais*.

[15] Cf. *Propositio* 35.

permitam escutar o Espírito que vive e fala nos fiéis e, depois, orientá-los a fim de porem em prática o que o mesmo Espírito sugere para o verdadeiro bem da Igreja.

As articulações da Igreja particular

45. Numerosas intervenções dos padres sinodais referiram-se aos vários aspectos e momentos da vida da diocese. Assim, foi justamente dedicada atenção à cúria diocesana, enquanto estrutura de que o Bispo se serve para manifestar a caridade pastoral nos seus vários aspectos;[16] concretamente foi lembrada a conveniência de confiar a administração econômica da diocese a pessoas competentes mas também honestas, de tal modo que se possa propô-la como exemplo de transparência a todas as outras instituições eclesiásticas análogas. Se se vive uma espiritualidade de comunhão na diocese, não será possível deixar de prestar uma atenção privilegiada às paróquias e comunidades mais pobres, e de procurar além disso reservar uma parte das disponibilidades econômicas para as Igrejas mais carentes, especialmente nas terras de missão e de migração.[17]

[16] Cf. *Propositio* 36.
[17] Cf. *Propositio* 39.

No entanto, foi sobre a paróquia que os padres sinodais acharam conveniente deter a sua atenção, lembrando que o primeiro responsável desta comunidade, que sobressai entre todas as existentes numa diocese, é o Bispo: a ela sobretudo deve reservar a sua solicitude.[18] De fato, a paróquia — como várias vozes afirmaram — permanece ainda o núcleo fundamental na vida cotidiana da diocese.

A visita pastoral

46. É precisamente nesta perspectiva que emerge em toda a sua importância a visita pastoral, verdadeiro tempo de graça e momento especial, antes único, para o encontro e o diálogo do Bispo com os fiéis.[19] O Bispo Bartolomeu dos Mártires — que beatifiquei poucos dias depois da conclusão do Sínodo — na sua obra clássica *Stimulus Pastorum*, muito apreciada pelo próprio são Carlos Borromeu, define a visita pastoral *quasi anima episcopalis regiminis* e descreve-a significativamente como uma expansão da presença espiritual do Bispo entre os seus fiéis.[20]

---

[18] Cf. *Propositio* 37.

[19] Cf. ibidem.

[20] Cf. *Stimulus Pastorum* (Romae 1572), 52v.

Na sua visita pastoral à paróquia o Bispo, deixando a outros delegados o exame das questões de caráter administrativo, privilegie o encontro com as pessoas, a começar pelo pároco e demais sacerdotes. Este é o momento em que ele mais de perto exerce a favor do seu povo o ministério da palavra, da santificação e da guia pastoral, entrando em contato mais direto com as angústias e preocupações, as alegrias e as expectativas do povo, podendo dirigir a todos um convite à esperança. E aí sobretudo o Bispo tem o contato direto com as pessoas mais pobres, os idosos e os doentes. Assim realizada, a visita pastoral aparece como é: um sinal da presença do Senhor que visita o seu povo na paz.

O Bispo com o seu presbitério

47. Não é sem razão que o decreto conciliar *Christus Dominus*, ao dar a descrição da Igreja particular, a apresenta como comunidade de fiéis confiada ao cuidado pastoral do Bispo "*cum cooperatione presbyterii*".[21] De fato, há entre o Bispo e os presbíteros uma *communio sacramentalis* em virtude do sacerdócio ministerial ou hierárquico, que é participação do único sacerdócio de Cristo, e por conseguinte,

---

[21] N. 11.

embora em grau diverso, em virtude do único ministério eclesial ordenado e da única missão apostólica.

Assim, os presbíteros, especialmente os párocos, são os colaboradores mais íntimos do ministério do Bispo. Os padres sinodais reiteraram as recomendações e os apelos, já presentes nos documentos conciliares e retomados mais recentemente na Exortação apostólica *Pastores dabo vobis*,[22] para uma especial qualidade das relações entre o Bispo e os seus presbíteros. O Bispo procurará sempre comportar-se com os seus sacerdotes como pai e irmão que os ama, escuta, acolhe, corrige, conforta, busca a sua colaboração e cuida o melhor possível do seu bem-estar humano, espiritual, ministerial e econômico.[23]

Este afeto privilegiado do Bispo pelos seus sacerdotes manifesta-se sob a forma de acompanhamento paterno e fraterno das etapas fundamentais da sua vida sacerdotal, a partir dos primeiros passos no ministério pastoral. Fundamental é a formação permanente dos presbíteros, constituindo para todos uma espécie de "vocação na vocação", porque, nas suas dimensões diferentes e complementares, tende a ajudar o padre a ser e a comportar-se segundo o estilo de Jesus.

---

[22] Cf. nn. 16-17: *AAS* 84 (1992), 681-684.

[23] Cf. *Propositio* 40.

Entre os primeiros deveres de cada Bispo diocesano, está o cuidado espiritual do seu presbitério: "O gesto do sacerdote, que põe as suas próprias mãos nas mãos do Bispo, no dia da ordenação presbiteral, prometendo-lhe 'reverência e obediência', à primeira vista pode parecer um gesto unilateral. Na realidade, este gesto compromete a ambos: o sacerdote e o Bispo. O jovem presbítero escolhe confiar-se ao Bispo e este, por sua vez, compromete-se a salvaguardar aquelas mãos".[24]

Apraz-me acrescentar mais duas ocasiões em que o presbítero pode justamente esperar do seu Bispo provas duma especial unidade. A primeira, quando lhe é confiada uma missão pastoral, quer isso suceda pela primeira vez como no caso do sacerdote recém-ordenado, quer se trate duma alteração no serviço ministerial ou de atribuição dum novo mandato pastoral. A atribuição duma missão pastoral constitui, também para o Bispo, um momento significativo de responsabilidade paterna para com um seu presbítero. Há umas palavras de são Jerônimo que se podem aplicar perfeitamente a esta circunstância: "Sabemos que a mesma relação, que havia entre Aarão e os seus filhos, decorre entre o Bispo e os seus sacerdotes. Um só é o Se-

---

[24] João Paulo II, Discurso a um grupo de Bispos recentemente eleitos (23 de setembro de 2002), 4: *L'Osservatore Romano* (ed. port. de 5/X/2002), 498.

nhor, como um só é o templo: haja também unidade no ministério. [...] A glória de um pai não é o filho sábio? Possa o Bispo congratular-se consigo próprio pelo bom pressentimento que teve na escolha de tais sacerdotes para Cristo".[25]

O outro momento é quando um sacerdote, por causa da idade avançada, deixa a guia pastoral efetiva duma comunidade ou os encargos de direta responsabilidade. Nestas circunstâncias e análogas, o Bispo tem o dever de fazer com que o sacerdote sinta quer a gratidão da Igreja particular pelas lidas apostólicas até então desempenhadas, quer a especificidade da sua nova colocação dentro do presbitério diocesano: é que ele conserva, antes vê aumentada, a possibilidade de contribuir para a edificação da Igreja através do testemunho exemplar duma oração mais assídua e da generosa partilha, a bem de seus irmãos mais jovens, da experiência adquirida. E aos sacerdotes que se encontram em idêntica situação, por causa duma doença grave ou doutra forma de persistente debilitação, o Bispo faça-lhes sentir a sua solidariedade fraterna, ajudando-os a manterem viva a convicção de "continuarem a ser membros ativos na edificação da Igreja, especialmente em razão da sua união com Jesus Cristo sofre-

---

[25] *Epistola ad Nepotianum presb.*, LII, 7: *PL* 22, 534.

dor e com tantos outros irmãos e irmãs que na Igreja tomam parte na paixão do Senhor".[26]

O Bispo há de acompanhar, com a oração e uma ativa compaixão, também os sacerdotes que, por uma razão qualquer, puseram em questão a sua vocação e fidelidade ao chamamento do Senhor e de algum modo faltaram aos seus deveres.[27]

Não deixará, enfim, de examinar os sinais de virtudes heróicas que eventualmente se tenham manifestado entre os sacerdotes e, se o considerar conveniente, proceder ao seu reconhecimento público dando os passos necessários para introduzir a causa de canonização.[28]

A formação dos candidatos ao presbiterado

48. Ao aprofundar o tema do ministério dos presbíteros, a atenção dos padres sinodais centrou-se de modo particular na formação dos candidatos ao sacerdócio, que se realiza no Seminário.[29] Com tudo o que supõe de oração, dedicação e canseira, a formação dos presbíteros constitui para o Bispo uma preocupação

---

[26] João Paulo II, Exort. ap. pós-sinodal *Pastores dabo vobis* (25 de março de 1992), 77: *AAS* 84 (1992), 795.

[27] Cf. Conc. Ecum. Vat. II, Decr. sobre o múnus pastoral dos Bispos na Igreja *Christus Dominus*, 16.

[28] Cf. *Propositio* 40.

[29] Cf. *Propositio* 41.

de primordial importância. E assim, cientes de que o Seminário representa para a diocese um dos bens mais preciosos, os padres sinodais detiveram-se a analisá-lo com atenção acabando por reiterar a necessidade indiscutível do Seminário Maior, sem contudo transcurar a importância que tem também o Seminário Menor para a transmissão dos valores cristãos em ordem ao seguimento de Cristo.[30]

Por isso, cada Bispo manifestará o seu desvelo primeiramente escolhendo com o máximo cuidado os educadores dos futuros presbíteros e estabelecendo as formas mais oportunas e apropriadas para a preparação de que necessitam para realizar o ministério em âmbito tão fundamental para a vida da comunidade cristã. O Bispo não deixará de visitar com freqüência o Seminário, mesmo quando circunstâncias particulares o tivessem levado, juntamente com outros Bispos, à escolha — por vezes necessária e até preferível — de um Seminário interdiocesano.[31] O conhecimento pessoal e profundo dos candidatos ao presbiterado na própria Igreja particular é um elemento de que o Bispo não pode prescindir. Com base nestes contatos diretos, ele procurará fazer com que, nos Seminários,

---

[30] Cf. ibidem; João Paulo II, Exort. ap. pós-sinodal *Pastores dabo vobis* (25 de março de 1992), 60-63: *AAS* 84 (1992), 762-769.

[31] Cf. João Paulo II, Exort. ap. pós-sinodal *Pastores dabo vobis* (25 de março de 1992), n. 65: *AAS* 84 (1992), 771-772.

sejam formadas personalidades maduras e equilibradas, capazes de estabelecer sólidas relações humanas e pastorais, teologicamente preparadas, fortes na vida espiritual, amantes da Igreja. Esforçar-se-á de igual forma por promover e solicitar iniciativas de caráter econômico para apoio e ajuda dos jovens candidatos ao presbiterado.

Mas é evidente que a força estimulante e criadora de vocações é primariamente a oração. As vocações necessitam de uma ampla rede de intercessores junto do "Senhor da messe". Quanto mais o problema da vocação for enfrentado no contexto da oração, tanto mais esta ajudará o escolhido a escutar a voz daquele que o chama.

Chegado o momento de administrar as Ordens sacras, cada Bispo há de efetuar o devido escrutínio.[32] A propósito, consciente da sua grave responsabilidade ao conferir a Ordem presbiteral, o Bispo só depois de uma cuidadosa pesquisa e ampla consulta nos termos do direito é que acolherá na própria diocese candidatos provenientes de outra diocese ou de um Instituto Religioso.[33]

---

[32] Cf. *Código de Direito Canônico*, cân. 1051.

[33] Cf. *Propositio* 41.

O Bispo e os diáconos permanentes

49. Enquanto dispensadores das Ordens sacras, os Bispos têm responsabilidade direta também pelos diáconos permanentes, que a assembléia sinodal reconhece como verdadeiro dom de Deus para anunciar o Evangelho, instruir as comunidades cristãs e promover o serviço da caridade na Família de Deus.[34]

Por isso, cada Bispo terá grande cuidado por estas vocações, de cujo discernimento e formação é o responsável supremo. Embora normalmente deva exercer esta responsabilidade através de colaboradores da sua íntima confiança e empenhados a respeitar na sua ação as disposições da Santa Sé,[35] o Bispo há de procurar, dentro do possível, conhecer pessoalmente os que se preparam para o diaconado. Depois de tê-los ordenado, continuará a ser para eles um verdadeiro pai, encorajando-os no amor ao Corpo e Sangue de Cristo, de que são ministros, e à Santa Igreja, que aceitaram servir; aos que forem casados, exortá-los-á também a uma vida familiar exemplar.

---

[34] Cf. *Propositio* 42.

[35] Cf. Congr. para a Educação Católica, *Ratio fundamentalis institutionis Diaconorum permanentium* (22 de fevereiro de 1998): *AAS* 90 (1998), 843-879; Congr. para o Clero, *Directorium pro ministerio et vita Diaconorum permanentium* (22 de fevereiro de 1998): *AAS* 90 (1998), 879-926.

A solicitude do Bispo pelas pessoas de vida consagrada

50. A Exortação apostólica pós-sinodal *Vita consecrata* já pôs em evidência a importância que tem a vida consagrada no ministério do Bispo. Apelando-se a este documento durante o Sínodo, os padres recordaram que, na Igreja-comunhão, o Bispo deve estimar e promover a vocação e missão específica da vida consagrada, que pertence estável e firmemente à vida e à santidade da Igreja.[36] Também na Igreja particular, a vida consagrada tem o dever duma presença exemplar e missão carismática. Por isso, o Bispo examinará com atenção se, entre as pessoas consagradas que viveram na diocese, houve testemunhos de exercício heróico das virtudes e, se o considerar oportuno, dará início ao processo de canonização.

Na sua solícita atenção por todas as formas de vida consagrada — atenção essa que se exprime tanto pelo encorajamento como pela vigilância —, o Bispo deverá reservar um lugar especial à vida contemplativa. Os consagrados, por sua vez, hão de acolher cordialmente as indicações pastorais do Bispo, tendo em vista uma plena comunhão com a vida e a missão da Igreja particular onde residem. Com efeito, o Bispo é o res-

---

[36] Cf. Conc. Ecum. Vat. II, Const. dogm. sobre a Igreja *Lumen gentium*, n. 44.

ponsável da atividade apostólica na diocese: com ele devem colaborar de tal modo os consagrados e consagradas que a sua presença e ministério enriqueçam a comunhão eclesial. A este respeito, há que ter presente o documento *Mutuae relationes* e quanto afirma o direito vigente.

Recomenda-se um especial cuidado pelos Institutos de direito diocesano, sobretudo pelos que se debatem em sérias dificuldades: o Bispo dedicar-lhes-á um cuidado paterno particular. Enfim, no caminho para aprovação de novos Institutos nascidos na sua diocese, o Bispo terá o cuidado de agir segundo o que está indicado e prescrito na Exortação *Vita consecrata* e outras instruções dos competentes dicastérios da Santa Sé.[37]

Os fiéis leigos no cuidado pastoral do Bispo

51. Nos fiéis leigos, que constituem a maioria do Povo Deus, deve tornar-se cada vez mais visível a força missionária do Batismo. Para tal, necessitam do apoio, estímulo e ajuda dos seus Bispos, que os guiem para realizar o seu apostolado segundo a índole secular que lhes é própria, sustentados pela graça dos sacramentos do Batismo e da Confirmação. Para isso, será necessário promover específicos itinerários de

---

[37] Cf. *Propositio* 43.

formação que os habilitem a assumir responsabilidades na Igreja quer em estruturas de participação diocesanas e paroquiais, quer nos diversos serviços de animação litúrgica, catequese, ensino da religião católica nas escolas etc.

Mas sobretudo compete aos leigos — e nesta linha devem ser estimulados — a evangelização das culturas, a inserção da força do Evangelho nas realidades da família, do trabalho, dos *mass media,* do desporto, do tempo livre, a animação cristã da ordem social e da vida pública nacional e internacional. Com efeito, pela sua colocação no mundo, os leigos são capazes de exercer uma grande influência no ambiente circundante, ampliando as perspectivas e os horizontes da esperança a muitos homens e mulheres. Por outro lado, comprometidos como estão por sua opção de vida nas realidades temporais, os fiéis leigos são chamados, de modo correspondente à sua específica índole secular, a dar razão da sua esperança (cf. 1Pd 3,15) nos respectivos setores de trabalho, cultivando no coração "a expectativa duma nova terra".[38] Por seu lado, os Bispos acompanhem de perto os fiéis leigos porque, imersos no âmago dos complexos problemas

---

[38] Conc. Ecum. Vat. II, Const. past. sobre a Igreja no mundo contemporâneo *Gaudium et spes*, n. 39.

mundiais, estão particularmente expostos à ansiedade e ao sofrimento, e apóiem-nos a fim de que sejam cristãos de esperança inabalável, firmemente ancorados na certeza de que o Senhor está sempre junto dos seus filhos.

Deve ter em consideração também a importância do apostolado laical associado, seja o de mais antiga tradição, seja o de novos movimentos eclesiais. Todas estas realidades agregativas enriquecem a Igreja, mas têm contínua necessidade do serviço de discernimento que é próprio do Bispo, cuja missão pastoral comporta favorecer a complementaridade entre movimentos de inspiração diversificada, vigiando sobre o seu desenvolvimento, sobre a formação teológica e espiritual dos seus animadores, sobre o inserimento das novas realidades na comunidade diocesana e nas paróquias, das quais não se devem separar.[39] O Bispo procurará ainda fazer com que as agregações laicais apóiem a pastoral vocacional da diocese, favorecendo o acolhimento de todas as vocações, especialmente para o ministério ordenado, a vida consagrada e o serviço missionário.[40]

---

[39] Cf. *Propositiones* 45, 46 e 49.

[40] Cf. *Propositio* 52.

A solicitude do Bispo pela família

52. Numerosos padres sinodais fizeram ouvir a sua voz a favor da família, justamente chamada "igreja doméstica", espaço aberto à presença do Senhor Jesus, santuário da vida. Fundada sobre o sacramento do Matrimônio, apresenta-se como comunidade de primordial importância, pois tanto os cônjuges como os seus filhos vivem nela a própria vocação e aperfeiçoam-se na caridade. A família cristã, como foi ressaltado no Sínodo, é comunidade apostólica, aberta à missão.[41]

Pertence ao Bispo fazer com que sejam sustentados e defendidos os valores do matrimônio na sociedade civil, através de justas decisões políticas e econômicas. Depois, no âmbito da comunidade cristã, não deixará de encorajar a preparação dos noivos para o matrimônio, o acompanhamento dos jovens casais e a formação de grupos de famílias que apóiem a pastoral familiar e, não menos importante, sejam capazes de ajudar as famílias em dificuldade. A proximidade do Bispo aos cônjuges e aos seus filhos, inclusive através de iniciativas de vários gêneros com caráter diocesano, será para eles de seguro conforto.

---

[41] Cf. *Propositio* 51.

Considerando as tarefas educativas da própria família, os padres sinodais reconheceram unanimemente o valor das escolas católicas para a formação integral das novas gerações, a inculturação da fé e o diálogo entre as diversas culturas. Por isso, é necessário que o Bispo apóie e qualifique a obra das escolas católicas, promovendo a sua aparição, onde não existam, e solicitando, na medida que puder, as instituições civis para que favoreçam uma efetiva liberdade de ensino no país.[42]

Os jovens, uma prioridade pastoral em ordem ao futuro

53. O Bispo, pastor e pai da comunidade cristã, dedicará um cuidado especial à evangelização e acompanhamento espiritual dos jovens. Um ministério de esperança não pode deixar de construir o futuro juntamente com aqueles aos quais está confiado o futuro, ou seja, os jovens. Como "sentinelas da manhã", os jovens esperam a aurora dum mundo novo. A experiência das Jornadas Mundiais da Juventude — que os Bispos encorajam de alma e coração — mostra-nos como é grande o número de jovens disponíveis a empenharem-se na

---

[42] Cf. ibidem.

Igreja e no mundo, se lhes for proposta uma autêntica responsabilidade e oferecida uma formação cristã integral.

Nesta perspectiva, fazendo-me intérprete do pensamento dos padres sinodais, dirijo um especial apelo às pessoas de vida consagrada de tantos Institutos comprometidos no setor da formação e educação das crianças, adolescentes e jovens, para que não se deixem desanimar pelas dificuldades atuais e não desistam da sua benemérita ação, mas intensifiquem-na qualificando cada vez mais os seus esforços.[43]

Possam os jovens, através duma relação pessoal com os seus pastores e formadores, sentir-se impelidos a crescer na caridade, sendo educados para uma vida generosa e aberta ao serviço dos outros, sobretudo pobres e doentes. Deste modo, será mais fácil falar-lhes também das outras virtudes cristãs, especialmente da castidade. Por este caminho, chegarão a compreender que uma vida é "bela" quando é doada, a exemplo de Jesus. Poderão assim tomar decisões responsáveis e definitivas em ordem tanto ao matrimônio como ao ministério sagrado e à vida consagrada.

---

[43] Cf. *Propositio* 53.

A pastoral vocacional

54. Determinante é a promoção duma cultura vocacional em sentido mais amplo: há necessidade de educar os jovens para descobrirem a própria vida como vocação. Por isso, será oportuno que o Bispo faça apelo às famílias, às comunidades paroquiais e aos institutos educacionais para que ajudem os adolescentes e os jovens a descobrir o projeto de Deus para a sua vida, acolhendo a chamada à santidade que Deus dirige originalmente a cada um.[44]

A este respeito, é muito importante reforçar a dimensão vocacional de toda a ação pastoral. Por isso, o Bispo há de procurar que a pastoral juvenil e vocacional seja confiada a sacerdotes e outras pessoas capazes de transmitir, com o entusiasmo e o exemplo da sua vida, o amor a Jesus. A sua missão será acompanhar os jovens, por meio duma relação pessoal de amizade e, se possível, de direção espiritual, para ajudá-los a identificar os sinais da vocação de Deus e a buscar a força para lhe corresponder na graça dos sacramentos e na vida de oração, que é primariamente uma escuta de Deus que fala.

Estes são alguns dos âmbitos onde o Bispo exerce o seu ministério de governo e manifesta à parcela

---

[44] Cf. *Propositio* 52.

do Povo de Deus, a ele confiada, a caridade pastoral que o anima. Uma das formas características desta caridade é a *compaixão*, à imitação de Cristo, Sumo Sacerdote, que soube compadecer-se das fragilidades humanas, porque ele mesmo foi provado em tudo como nós, à exceção do pecado (cf. Hb 4,15). Com tal compaixão aparece sempre unida a responsabilidade que o Bispo assumiu diante de Deus e da Igreja. É assim que ele cumpre as promessas e compromissos assumidos no dia da sua Ordenação episcopal, quando livremente deu o seu consentimento ao pedido da Igreja de cuidar, com amor de pai, do Povo santo de Deus e dirigilo pelo caminho da salvação; de ser, pelo nome do Senhor, sempre bondoso e compassivo com os pobres, os doentes e todos os necessitados de conforto e ajuda; e ainda de procurar, como bom pastor, as ovelhas dispersas e conduzi-las ao redil de Cristo.[45]

---

[45] Cf. Pontifical Romano, *Rito da Ordenação do Bispo*: Promessa do eleito.

Capítulo VI

NA COMUNHÃO DAS IGREJAS

O cuidado de todas as Igrejas (2Cor 11,28).

55. Ao escrever aos cristãos de Corinto, o apóstolo Paulo recorda tudo o que padeceu pelo Evangelho: "Viagens sem conta, exposto a perigos nos rios, perigos de salteadores, perigos da parte dos meus concidadãos, perigos dos pagãos, perigos na cidade, perigos no deserto, perigos no mar, perigos entre os falsos irmãos. Trabalhos e fadigas, repetidas vigílias, com fome e sede, freqüentes jejuns, frio e nudez! E, além de tudo isto, a minha obsessão de cada dia: O cuidado de todas as Igrejas!" (2Cor 11,26-28). E conclui com uma questão que traduz sua solidária compaixão: "Quem é fraco, sem que eu também o seja? Quem tropeça, que eu não me consuma com a febre?" (2Cor 11,29). A mesma questão interpela a consciência de cada Bispo, como membro do Colégio Episcopal.

Recorda-o expressamente o Concílio Vaticano II quando diz que todos os Bispos, enquanto membros do Colégio Episcopal e legítimos sucessores dos Apóstolos, estão obrigados, por instituição e preceito de Cristo, a estender a sua solicitude a toda a Igreja. "Todos os Bispos devem, com efeito, promover e defender a unidade da fé e disciplina comum a toda a Igreja; formar os fiéis no amor pelo Corpo místico de Cristo, principalmente pelos membros pobres, sofredores e que padecem perseguição por amor da justiça (Mt 5,10); devem, finalmente, promover todas as atividades que são comuns a toda a Igreja, sobretudo para que a fé se difunda e a luz da verdade total nasça para todos os homens. Aliás, é certo que, governando bem a própria Igreja, como porção da Igreja universal, concorrem eficazmente para o bem de todo o Corpo místico, que é também o corpo das Igrejas."[1]

Desta forma, cada Bispo está relacionado simultaneamente com a sua Igreja particular e com a Igreja universal. De fato, o mesmo Bispo, que é princípio visível e fundamento da unidade na própria Igreja particular, é também o laço visível da comunhão eclesiástica entre a sua Igreja particular e a Igreja universal. Assim, todos os Bispos, residindo nas respectivas Igrejas particulares espalhadas pelo mundo mas conservando sempre a comunhão hierárquica com a Cabeça do Colégio Episcopal e com o mesmo Colégio, dão consistência e expressão à catolicidade da Igreja e, ao mesmo tempo, conferem à sua Igreja particular esta nota de catolicidade. Deste modo, cada Bispo é de certa

---

[1] Const. dogm. sobre a Igreja *Lumen gentium*, n. 23.

forma ponto de conjunção da sua Igreja particular com a Igreja universal e testemunho visível da presença da única Igreja de Cristo na sua Igreja particular. Portanto, na comunhão das Igrejas o Bispo representa a sua Igreja particular e, nesta, representa a comunhão das Igrejas. De fato, por meio do ministério episcopal, as *portiones Ecclesiae* participam na totalidade da Una-Santa, enquanto esta, sempre através de tal ministério, se torna presente em cada *Ecclesiae portio*.[2]

A dimensão universal do ministério episcopal manifesta-se e realiza-se plenamente quando todos os Bispos, em comunhão hierárquica com o Romano Pontífice, atuam como Colégio. Reunidos solenemente num Concílio Ecumênico ou espalhados pelo mundo, mas sempre em comunhão hierárquica com o Romano Pontífice, eles constituem a continuação do Colégio Apostólico.[3] Mas há ainda outras formas pelas quais todos os Bispos colaboram entre si e com o Romano Pontífice *in bonum totius Ecclesiae* e isto primariamente para que o Evangelho seja anunciado em

---

[2] Cf. Paulo VI, Discurso na inauguração da terceira Sessão do Concílio (14 de setembro de 1964): *AAS* 56 (1964), 813; Congr. para a Doutrina da Fé, Carta *Communionis notio* (28 de maio de 1992), 9.11-14: *AAS* 85 (1993), 843-845.

[3] Cf. Conc. Ecum. Vat. II, Const. dogm. sobre a Igreja *Lumen gentium*, n. 22; *Código de Direito Canônico*, cân(s). 337; 749-§ 2; *Código dos Cânones das Igrejas Orientais*, cân(s). 50; 597-§ 2.

toda a terra e também para enfrentar os vários problemas que afligem as diversas Igrejas particulares. Ao mesmo tempo, também o exercício do ministério do Sucessor de Pedro em benefício da Igreja inteira e de cada Igreja particular e ainda a ação do Colégio enquanto tal constituem uma válida ajuda para que, nas Igrejas particulares confiadas ao cuidado pastoral de cada um dos Bispos diocesanos, sejam salvaguardadas a unidade da fé e a disciplina comum a toda a Igreja. Na Cátedra de Pedro, os Bispos, tanto individualmente como unidos entre si em Colégio, encontram o princípio e o fundamento perpétuo e visível da unidade da fé e da comunhão.[4]

O Bispo diocesano na sua relação com a suprema autoridade

56. O Concílio Vaticano II ensina que "aos Bispos, como sucessores dos Apóstolos, compete de direito, na diocese a cada um confiada, todo o poder ordinário, próprio e imediato, que é necessário para o exercício do seu cargo pastoral (*munus pastorale*), salvaguardado sempre em tudo o poder que, em razão do seu múnus, o Romano Pontífice tem de reservar causas a si ou a outra autoridade".[5]

---

[4] Cf. Conc. Ecum. Vat. II, Const. dogm. sobre a Igreja *Lumen gentium*, n. 23.

[5] Decr. sobre o múnus pastoral dos Bispos na Igreja *Christus Dominus*, n. 8.

Na aula sinodal alguém levantou a questão se não é possível tratar a relação entre o Bispo e a suprema autoridade à luz do princípio de subsidiariedade, especialmente no que se refere às relações entre o Bispo e a Cúria Romana, esperando que tais relações, em sintonia com uma eclesiologia de comunhão, se processem no respeito das competências de cada um e, conseqüentemente, atuando uma maior descentralização. Foi também solicitado que se estude a possibilidade de aplicar tal princípio à vida da Igreja, sempre salvaguardando o fato de que o princípio constitutivo do exercício da autoridade episcopal é a comunhão hierárquica de cada um dos Bispos com o Romano Pontífice e com o Colégio Episcopal.

Como é sabido, o princípio de subsidiariedade foi formulado pelo meu predecessor de veneranda memória Pio XI para a sociedade civil.[6] O Concílio Vaticano II, que nunca usou o termo "subsidiariedade", contudo encorajou a partilha entre os organismos da Igreja, iniciando uma nova reflexão sobre a teologia do Episcopado que está a dar os seus frutos na aplicação concreta à comunhão eclesial do princípio da colegialidade. Os padres sinodais, por sua vez, consideraram que o conceito de subsidiariedade aplicado

---

[6] Cf. Carta enc. *Quadragesimo anno* (15 de maio de 1931): *AAS* 23 (1931), 203.

ao exercício da autoridade episcopal resulta ambíguo e insistiram para que seja aprofundada teologicamente a natureza da autoridade episcopal à luz do princípio de comunhão.[7]

Na assembléia sinodal, falou-se diversas vezes do princípio de comunhão.[8] Trata-se duma comunhão orgânica, que se inspira na imagem do Corpo de Cristo, de que fala o Apóstolo Paulo pondo em destaque as funções de complementaridade e mútua ajuda entre os diversos membros no único corpo (cf. 1Cor 12,12-31).

Assim, para que seja feito de modo correto e eficaz o recurso ao princípio de comunhão, há alguns pontos de referência que são inevitáveis. Antes de mais nada, há que ter em conta o fato de que, na sua Igreja particular, o Bispo diocesano possui todo o poder ordinário, próprio e imediato, necessário para o cumprimento do seu ministério pastoral. Compete-lhe, pois, um âmbito próprio de exercício autônomo de tal autoridade, âmbito reconhecido e tutelado pela legislação universal.[9] Mas, por outro lado, o poder do Bispo coexiste com o poder supremo do Romano Pontífice, também este episcopal, ordinário e imediato sobre todas e cada uma das

---

[7] Cf. *Propositio* 20.

[8] Cf. *Relatio post disceptationem*, 15-17: *L'Osservatore Romano* (ed. port. de 10/XI/2001), 623; *Propositio* 20.

[9] Cf. *Código de Direito Canônico*, cân. 381-§ 1; *Código dos Cânones das Igrejas Orientais*, cân. 178.

dioceses e reunião delas, sobre todos os pastores e os fiéis.[10]

Outro ponto fora de questão que se deve ter presente: a unidade da Igreja está radicada na unidade do Episcopado, o qual, para ser uno, requer uma Cabeça do Colégio. De forma análoga a Igreja, para ser una, exige uma Igreja como Cabeça das Igrejas, a de Roma, cujo Bispo — Sucessor de Pedro — é a Cabeça do Colégio.[11] Assim, "para que cada Igreja particular seja plenamente Igreja, isto é, presença particular da Igreja universal com todos os seus elementos essenciais, constituída portanto à imagem da Igreja universal, nela deve estar presente, como elemento próprio, a suprema autoridade da Igreja [...]. O primado do Bispo de Roma e o Colégio Episcopal são elementos próprios da Igreja universal, "não derivados da particularidade das Igrejas" mas interiores a cada Igreja particular. [...] O fato de o ministério do Sucessor de Pedro ser interior a cada Igreja particular é expressão necessária dessa fundamental e mútua interioridade entre Igreja universal e Igreja particular".[12]

---

[10] Cf. Conc. Ecum. Vat. II, Const. dogm. sobre a Igreja *Lumen gentium*, n. 22. *Código de Direito Canônico*, cân(s). 331 e 333; *Código dos Cânones das Igrejas Orientais*, cân(s). 43 e 45-§ 1.

[11] Cf. Congr. para a Doutrina da Fé, Carta *Communionis notio* (28 de maio de 1992), 12: *AAS* 85 (1993), 845-846.

[12] Ibidem, n. 13: op. cit., 846.

A Igreja de Cristo, na sua nota de catolicidade, realiza-se plenamente em cada Igreja particular, a qual recebe todos os meios naturais e sobrenaturais para cumprir a missão, que Deus confiou à Igreja para a realizar no mundo. Entre esses meios, está também o poder ordinário, próprio e imediato do Bispo, requerido para o exercício do seu ministério pastoral (*munus pastorale*); mas tal exercício está sujeito às leis universais e às reservas — estabelecidas pelo direito ou por um decreto do Sumo Pontífice — à suprema autoridade ou a outra autoridade eclesiástica.[13]

A capacidade de governo próprio, incluindo também o exercício do magistério autêntico,[14] que pertence intrinsecamente ao Bispo na sua diocese, entra dentro daquela realidade mística da Igreja que faz com que na Igreja particular esteja imanente a Igreja universal e se torne presente a suprema autoridade, ou seja, o Romano Pontífice e o Colégio dos Bispos com o seu poder supremo, pleno, ordinário e imediato sobre todos os fiéis e pastores.[15]

---

[13] Cf. Conc. Ecum. Vat. II, Const. dogm. sobre a Igreja *Lumen gentium*, n. 27; Decr. sobre o múnus pastoral dos Bispos na Igreja *Christus Dominus*, n. 8; *Código de Direito Canônico*, cân. 381-§ 1; *Código dos Cânones das Igrejas Orientais*, cân. 178.

[14] Cf. *Código de Direito Canônico*, cân. 753; *Código dos Cânones das Igrejas Orientais*, cân. 600.

[15] Cf. Conc. Ecum. Vat. II, Const. dogm. sobre a Igreja *Lumen gentium*, n. 22; *Código de Direito Canônico*, cân(s). 333-§ 1 e 336; *Código dos Cânones das Igrejas Orientais*, cân(s). 43, 45-§ 1 e 49.

Segundo a doutrina do Concílio Vaticano II, deve-se afirmar que as funções de ensinar (*munus docendi*) e de governar (*munus regendi*) — e correlativo poder de magistério e de governo — na Igreja particular são, por sua natureza, exercidas por todo Bispo diocesano na comunhão hierárquica com a Cabeça do Colégio e com o próprio Colégio.[16] Isto não enfraquece a autoridade episcopal, antes a reforça, visto que os vínculos da comunhão hierárquica que unem os Bispos à Sé Apostólica requerem necessariamente uma coordenação da responsabilidade do Bispo diocesano com a da suprema autoridade, imposta pela própria natureza da Igreja. É o próprio direito divino que coloca os limites do exercício duma e doutra responsabilidade. Por isso, o poder dos Bispos "não é diminuído pela autoridade suprema e universal, mas antes, pelo contrário, é por ela assegurado, fortificado e defendido, dado que o Espírito Santo conserva indefectivelmente a forma de governo estabelecida por Cristo Nosso Senhor na Igreja".[17]

O Papa Paulo VI, ao abrir o terceiro período do Concílio Vaticano II, justamente afirmou: "Como vós,

---

[16] Cf. Conc. Ecum. Vat. II, Const. dogm. sobre a Igreja *Lumen gentium*, n. 21; *Código de Direito Canônico*, cân. 375-§ 2.

[17] Conc. Ecum. Vat. II, Const. dogm. sobre a Igreja *Lumen gentium*, n. 27; cf. *Código de Direito Canônico*, cân. 333-§ 1; *Código dos Cânones das Igrejas Orientais*, cân. 45-§ 1.

veneráveis Irmãos no episcopado, espalhados pela terra, tendes necessidade dum centro, dum princípio de unidade na fé e na comunhão — para dar consistência e expressão à verdadeira catolicidade da Igreja — e isso exatamente encontrais na cátedra de Pedro; assim nós temos necessidade que vós estejais sempre ao nosso lado, para dardes cada vez mais ao rosto desta Sé Apostólica a sua verdadeira fisionomia, a sua realidade humana e histórica, e até mesmo para lhe oferecerdes concordância com a sua fé, o exemplo no cumprimento dos seus deveres e o conforto nas suas tribulações".[18]

A realidade da comunhão, que está na base de todas as relações intra-eclesiais[19] e que foi posta em evidência também na discussão sinodal, constitui uma relação de reciprocidade entre o Romano Pontífice e os Bispos. Com efeito, se por um lado o Bispo, para exprimir cabalmente o seu próprio múnus e fundar a catolicidade da sua Igreja, deve exercer o poder de governo que lhe é próprio (*munus regendi*) na comunhão hierárquica com o Romano Pontífice e com o Colégio Episcopal, por outro lado o Romano Pontífice, Cabeça do Colégio, no exercício do seu ministério

---

[18] Discurso na inauguração da terceira Sessão do Concílio (14 de setembro de 1964): *AAS* 56 (1964), 813.

[19] Cf. II Assembléia Geral Extraordinária do Sínodo dos Bispos, Relação final *Exeunte caetu* (7 de dezembro de 1985), C-1: *L'Osservatore Romano* (ed. port. de 22/12/1985), 651.

de supremo pastor da Igreja (*munus supremi Ecclesiae pastoris*), age sempre na comunhão com todos os outros Bispos, antes com toda a Igreja.[20] Então, na comunhão eclesial, tal como o Bispo não está só mas faz contínua referência ao Colégio e à sua Cabeça e por eles é apoiado, assim também o Romano Pontífice não está só mas sempre faz referência aos Bispos e é por eles apoiado. Este é outro motivo pelo qual o exercício do supremo poder do Romano Pontífice não anula, mas, pelo contrário, afirma, corrobora e reivindica o poder ordinário, próprio e imediato do Bispo na sua Igreja particular.

As visitas *ad limina Apostolorum*

57. Simultaneamente manifestação e meio de comunhão entre os Bispos e a Cátedra de Pedro são as visitas *ad limina Apostolorum*.[21] De fato, estas compõem-se de três momentos principais, cada um deles com o seu significado próprio.[22] Em primeiro lugar, a peregrinação ao sepulcro dos dois príncipes dos Após-

---

[20] Cf. *Código de Direito Canônico*, cân. 333-§ 2; *Código dos Cânones das Igrejas Orientais*, cân. 45-§ 2.

[21] Cf. *Propositio* 27.

[22] Cf. João Paulo II, Const. ap. *Pastor Bonus* (28 de junho de 1988), art. 31 e Apêndice I, 6: *AAS* 80 (1988), 868 e 916-917; *Código de Direito Canônico*, cân. 400-§ 1; *Código dos Cânones das Igrejas Orientais*, cân. 208.

tolos para indicar a ligação àquela única fé de que deram testemunho em Roma com o seu martírio são Pedro e são Paulo.

Relacionado com este está o segundo momento: o encontro com o Sucessor de Pedro. De fato, por ocasião da visita *ad limina*, os Bispos reúnem-se em redor dele e praticam, segundo o princípio de catolicidade, uma comunicação de dons dentre todos os bens que, por obra do Espírito Santo, existem na Igreja, tanto em nível particular e local como em nível universal.[23] O que então se verifica não se reduz a uma mera informação recíproca, mas é sobretudo a afirmação e a consolidação da colegialidade (*collegialis conformatio*) no corpo da Igreja, pela qual se constitui a unidade na diversidade, gerando uma espécie de *perichoresis* (intercompenetração) entre a Igreja universal e as Igrejas particulares, que se pode comparar ao movimento do sangue que parte do coração para as extremidades do corpo e destas volta ao coração.[24] A seiva vital, que vem de Cristo, une todas as partes, como a seiva da videira que chega até as varas (cf. Jo 15,5). Isto se torna particularmente evidente na celebração eucarística dos Bispos com o Papa. De fato, toda a Eucaristia é celebrada em comunhão com o Bispo próprio, com o

---

[23] Cf. Conc. Ecum. Vat. II, Const. dogm. sobre a Igreja *Lumen gentium*, n. 13.

[24] Cf. João Paulo II, Const. ap. *Pastor Bonus* (28 de junho de 1988), Apêndice I, 2 e 5: *AAS* 80 (1988), 913 e 915.

Romano Pontífice e com o Colégio Episcopal e, através deles, com os fiéis da Igreja particular e da Igreja inteira, de tal modo que a Igreja universal está presente na Igreja particular e esta está inserida, com as outras Igrejas particulares, na comunhão da Igreja universal.

Desde os primeiros séculos, a referência suprema da comunhão é a Igreja de Roma, onde Pedro e Paulo deram o seu testemunho de fé. Com ela, pela sua posição mais excelente, deve necessariamente estar de acordo toda a Igreja, porque isto é a garantia última de integridade da tradição transmitida pelos Apóstolos.[25] De fato, a Igreja de Roma preside à comunhão universal da caridade,[26] tutela as legítimas diversidades e ao mesmo tempo vigia para que as particularidades sirvam a unidade e de forma alguma a prejudiquem.[27] Tudo isto supõe a necessidade da comunhão das várias Igrejas com a Igreja de Roma, para que todas se possam encontrar na integridade da Tradição apostólica e na unidade da disciplina canônica para a conservação da fé, dos sacramentos e do caminho concreto para a santidade. Esta comunhão das Igrejas é expressa pela comunhão hierárquica entre cada

---

[25] Cf. Santo Irineu, *Contra as heresias,* 3, 3, 2: *PG* 7, 848.

[26] Cf. Santo Inácio de Antioquia, *Carta aos Romanos,* I, 1: *PG* 5, 685.

[27] Cf. Conc. Ecum. Vat. II, Const. dogm. sobre a Igreja *Lumen gentium*, n. 13.

um dos Bispos e o Romano Pontífice.[28] Da comunhão *cum Petro et sub Petro* de todos os Bispos, praticada na caridade, surge o dever da colaboração de todos com o Sucessor de Pedro, para o bem da Igreja inteira e conseqüentemente de cada Igreja particular. A visita *ad limina* tem precisamente esta finalidade.

O terceiro aspecto das visitas *ad limina* é constituído pelo encontro com os responsáveis dos dicastérios da Cúria Romana: tratando com eles, os Bispos têm acesso direto aos problemas de competência de cada dicastério e assim são introduzidos nos vários aspectos da solicitude pastoral comum. A este respeito, os padres sinodais pediram que, sob o signo do mútuo conhecimento e confiança, se tornem mais freqüentes os contatos entre Bispos — individualmente ou unidos nas Conferências Episcopais — e dicastérios da Cúria Romana,[29] para que estes, informados diretamente dos problemas concretos das Igrejas, possam realizar melhor o seu serviço universal.

Não há dúvida que as visitas *ad limina*, juntamente com o relatório qüinqüenal sobre o estado da diocese,[30] são meios eficazes para responder à exigên-

---

[28] Cf. ibidem, 21-22; Decr. sobre o múnus pastoral dos Bispos na Igreja *Christus Dominus*, n. 4.

[29] Cf. *Propositiones* 26 e 27.

[30] Cf. *Código de Direito Canônico*, cân. 399; *Código dos Cânones das Igrejas Orientais*, cân. 206.

cia de conhecimento recíproco, que brota da própria realidade da comunhão entre os Bispos e o Romano Pontífice. Mais, a presença dos Bispos em Roma para a visita pode ser ocasião oportuna, por um lado, para apressar a resposta às questões que apresentaram aos dicastérios e, por outro, para favorecer — conforme desejo por eles manifestado — uma consulta individual ou coletiva tendo em vista a preparação de documentos de relevante importância geral; nessa altura, poder-se-ia além disso ilustrar convenientemente aos mesmos Bispos eventuais documentos, antes da sua publicação, que a Santa Sé tivesse em mente dirigir à Igreja no seu todo ou especificamente às suas Igrejas particulares.

O Sínodo dos Bispos

58. Por experiência já consolidada, cada assembléia geral do Sínodo dos Bispos — de qualquer modo representativa do Episcopado — mostra de forma peculiar o espírito de comunhão que une os Bispos com o Romano Pontífice e os Bispos entre si, permitindo exprimir, sob a ação do Espírito, um profundo juízo eclesial sobre os vários problemas que preocupam a vida da Igreja.[31]

---

[31] Cf. *Propositio* 25.

Como é sabido, durante o Concílio Vaticano II sentiu-se a exigência de que os Bispos pudessem ajudar melhor o Romano Pontífice no exercício do seu ministério. Em consideração disto mesmo, o meu predecessor de veneranda memória Paulo VI instituiu o Sínodo dos Bispos,[32] sem esquecer, porém, a contribuição que prestava já ao Romano Pontífice o Conselho dos Cardeais. Assim, através do novo organismo, podia-se exprimir mais eficazmente o afeto colegial e a solicitude dos Bispos pelo bem de toda a Igreja.

Os anos transcorridos mostraram como os Bispos, em união de fé e de caridade, possam com o seu conselho prestar uma válida ajuda ao Romano Pontífice no exercício do seu ministério apostólico, tanto para a salvaguarda da fé e dos costumes como para a observância da disciplina eclesiástica. De fato, a troca de informações sobre as Igrejas particulares, facilitando a concordância de sentenças mesmo sobre questões doutrinais, é um modo válido para reforçar a comunhão.[33]

Cada assembléia geral do Sínodo dos Bispos é uma forte experiência eclesial, embora possa ser sempre

---

[32] Cf. Motu proprio *Apostolica sollicitudo* (15 de setembro de 1965): *AAS* 57 (1965), 775-780; Conc. Ecum. Vat. II, Decr. sobre o múnus pastoral dos Bispos na Igreja *Christus Dominus*, n. 5.

[33] Cf. Motu proprio *Apostolica sollicitudo* (15 de setembro de 1965), II: *AAS* 57 (1965), 776-777; Alocução aos Padres Sinodais (30 de setembro de 1967): *AAS* 59 (1967), 970-971.

aperfeiçoada nas modalidades dos seus procedimentos.[34] Os Bispos reunidos no Sínodo representam antes de mais nada as próprias Igrejas, mas têm em conta também as contribuições das Conferências Episcopais que os designaram fazendo-os portadores dos seus pareceres sobre as questões a tratar. Eles exprimem assim o voto do corpo hierárquico da Igreja e, de algum modo, o do povo cristão de quem são os pastores.

O Sínodo é um acontecimento onde se torna particularmente evidente que o Sucessor de Pedro, no cumprimento do seu múnus, está sempre unido em comunhão com os outros Bispos e com toda a Igreja.[35] A propósito, o Código de Direito Canônico estabelece: "Compete ao Sínodo dos Bispos discutir acerca dos assuntos a tratar e expressar os seus votos; não porém derimi-los nem fazer decretos acerca dos mesmos, a não ser que, em certos casos, lhe tenha sido dado poder deliberativo pelo Romano Pontífice, a quem neste caso pertence ratificar as decisões sinodais".[36] O fato de o Sínodo ter normalmente uma função apenas consultiva, não diminui a sua importância. Com efeito, na Igreja a finalidade de qualquer órgão colegial, seja ele consultivo ou deliberativo, é sempre a busca da ver-

---

[34] Cf. *Propositio* 25.

[35] Cf. *Código de Direito Canônico*, cân. 333-§ 2; *Código dos Cânones das Igrejas Orientais*, cân. 45-§ 2.

[36] Cân. 343.

dade ou do bem da Igreja. E quando se trata mesmo da verificação da própria fé, o *consensus Ecclesiae* não resulta da contagem dos votos, mas é fruto da ação do Espírito, alma da única Igreja de Cristo.

Precisamente porque o Sínodo está ao serviço da verdade e da Igreja, como expressão da verdadeira co-responsabilidade por parte de todo o Episcopado em união com a sua Cabeça em vista do bem da Igreja, ao darem o voto, consultivo ou deliberativo, os Bispos, juntamente com os outros membros do Sínodo não revestidos do caráter episcopal, exprimem assim mesmo a participação no governo da Igreja universal. Como o meu predecessor de veneranda memória Paulo VI, também eu quis arrecadar o tesouro das propostas e pareceres expressos pelos padres sinodais, fazendo-os confluir no processo de elaboração do documento que recolhe os resultados do Sínodo e por isso mesmo é designado como "pós-sinodal".

A comunhão entre os Bispos e entre as Igrejas em nível local

59. Além do nível universal, muitas e variadas são as formas possíveis e reais de exprimir a comunhão episcopal e, conseqüentemente, a solicitude por todas as Igrejas irmãs. Mais ainda, os contatos recíprocos dos Bispos superam amplamente os seus encontros

institucionais. A consciência profunda da dimensão colegial do ministério que lhes foi confiado deve impeli-los a realizar entre si, sobretudo no âmbito da Conferência Episcopal, tanto em nível da Província como da Região Eclesiástica, as múltiplas expressões da fraternidade sacramental, desde o acolhimento e estima mútuos às variadas delicadezas de caridade e colaboração concreta.

Como tive ocasião de escrever, "depois do Concílio Vaticano II, já muito se fez nomeadamente quanto à reforma da Cúria Romana, à organização dos Sínodos, ao funcionamento das Conferências Episcopais; mas certamente há ainda muito que fazer para valorizar o melhor possível as potencialidades destes instrumentos da comunhão, hoje particularmente necessários tendo em vista a exigência de dar resposta pronta e eficaz aos problemas que a Igreja tem de enfrentar nas rápidas mudanças do nosso tempo".[37] Então, este novo século deve ver a todos ainda mais empenhados em valorizar e desenvolver os âmbitos e os instrumentos que servem para assegurar e garantir a comunhão entre os Bispos e entre as Igrejas.

Cada ação do Bispo realizada no exercício do próprio ministério pastoral é sempre uma ação feita *no*

---

[37] Carta ap. *Novo millennio ineunte* (6 de janeiro de 2001), n. 44: *AAS* 93 (2001), 298.

Colégio Episcopal. Quer se trate de exercício do ministério da Palavra quer do governo na própria Igreja particular, ou então duma decisão tomada com os outros Irmãos no episcopado relativamente às outras Igrejas particulares da mesma Conferência Episcopal, em âmbito provincial ou regional, permanece sempre uma ação *no Colégio Episcopal*, enquanto realizada mantendo a comunhão com todos os outros Bispos e com a Cabeça do Colégio e também empenhando a sua responsabilidade pastoral. Ora, tudo isso se realiza, não já por uma conveniência humana de coordenação, mas por uma solicitude pelas outras Igrejas, que deriva do fato de cada Bispo estar inserido e unido num Corpo ou Colégio. De fato, cada Bispo é responsável simultaneamente, embora de modo diverso, da Igreja particular, das Igrejas irmãs mais próximas e da Igreja universal.

Nesta linha, os padres sinodais lembraram oportunamente que, "vivendo na comunhão episcopal, cada Bispo sinta como próprias as dificuldades e sofrimentos dos seus Irmãos no episcopado. E, para que esta comunhão episcopal se intensifique e torne-se mais forte, os Bispos individualmente e as diversas Conferências Episcopais ponderem atentamente as possibilidades que as suas Igrejas têm de ajudar as mais pobres".[38]

---

[38] *Propositio* 31; cf. João Paulo II, Motu proprio *Apostolos suos* (21 de maio de 1998), n. 13: *AAS* 90 (1998), 650-651.

Sabemos que tal pobreza pode consistir quer numa grande escassez de sacerdotes ou doutros agentes pastorais, quer numa grave carência de recursos materiais. Tanto num caso como noutro, quem padece é o anúncio do Evangelho. Por isso, prosseguindo na senda inculcada pelo Concílio Vaticano II,[39] os padres sinodais fizeram votos de que sejam favorecidas as relações de solidariedade fraterna entre as Igrejas de antiga evangelização e as chamadas "jovens Igrejas", inclusive estabelecendo "geminações" que se concretizem na comunhão de experiências e de agentes pastorais e também de ajudas pecuniárias. Isto corrobora efetivamente a imagem da Igreja como "família de Deus", na qual os mais fortes apóiam os mais débeis para o bem de todos.[40]

Desta forma se traduz na comunhão da Igreja a comunhão dos Bispos, a qual se exprime ainda na solicitude pelos Pastores que foram ou continuam ainda a ser provados pelo sofrimento, mais do que outros Irmãos e por motivos ligados sobretudo a situações locais e na maioria das vezes compartilhando os sofrimentos dos seus fiéis. Uma categoria de Pastores merecedora de particular atenção, pelo número cada vez maior dos que entram a fazer parte dela, é a dos Bispos eméritos; deles fiz menção por diversas vezes na

---

[39] Cf. Decr. sobre o múnus pastoral dos Bispos na Igreja *Christus Dominus*, n. 6.

[40] Cf. *Propositio* 32.

liturgia de encerramento da X Assembléia Geral Ordinária, juntamente com os padres sinodais. A Igreja inteira tem grande consideração por estes Irmãos bemamados, que permanecem membros importantes do Colégio Episcopal, e está-lhes agradecida pelo serviço pastoral que realizaram e realizam ainda colocando a sua sabedoria e experiência à disposição da comunidade. A autoridade competente não deixe de valorizar este patrimônio espiritual pessoal deles, no qual se conserva depositada também uma parte preciosa da memória das Igrejas que eles guiaram durante anos. É forçoso colocar todo o empenho para assegurar-lhes condições de serenidade espiritual e econômica no ambiente humano por eles razoavelmente desejado. Além disso, estudem-se as possibilidades de uma maior utilização das suas competências no âmbito dos vários organismos da Conferência Episcopal.[41]

As Igrejas Católicas Orientais

60. Na mesma perspectiva da comunhão entre os Bispos e entre as Igrejas, os padres sinodais reservaram uma atenção muito particular às Igrejas Católicas Orientais, voltando a considerar as venerandas e antigas riquezas das suas tradições, que constituem um tesouro vivo que coexiste com análogas expressões da

---

[41] Cf. *Propositio* 33.

Igreja Latina. Umas e outras unidas iluminam ainda mais a unidade católica do Povo santo de Deus.[42]

Não há dúvida que as Igrejas Católicas do Oriente, em virtude da sua afinidade espiritual, histórica, teológica, litúrgica e disciplinar com as Igrejas Ortodoxas e as outras Igrejas Orientais que não estão ainda em plena comunhão com a Igreja Católica, têm um título muito especial para promover a unidade dos cristãos, sobretudo do Oriente. E isto mesmo são chamadas a fazer, como aliás todas as Igrejas, através da oração e da vida cristã exemplar; depois, como contribuição específica delas, são chamadas a unir a sua devotada fidelidade às antigas tradições orientais.[43]

As Igrejas Patriarcais e o seu Sínodo

61. Entre as instituições próprias das Igrejas Católicas Orientais, sobressaem as Igrejas Patriarcais. Estas pertencem àqueles agrupamentos de Igrejas que no decorrer do tempo — como afirma o Concílio Vaticano II[44] — por divina Providência, se foram organicamente constituindo e que gozam quer de disciplina e de usos litúrgicos próprios, quer de um patrimônio

---

[42] Cf. *Propositio* 21.

[43] Cf. *Propositio* 22.

[44] Cf. Const. dogm. sobre a Igreja *Lumen gentium*, n. 23; Decr. sobre as Igrejas Orientais Católicas *Orientalium Ecclesiarum*, n. 11;

teológico e espiritual comum, conservando sempre a unidade da fé e da única divina constituição da Igreja universal. A sua dignidade particular deve-se ao fato de elas, como matrizes de fé, terem gerado outras Igrejas, que são de certo modo suas filhas, tendo ficado até os nossos tempos ligadas por um vínculo mais estreito de caridade na vida sacramental e no mútuo respeito dos direitos e dos deveres.

Esta instituição patriarcal é muito antiga na Igreja. Testemunhada já no primeiro Concílio Ecumênico de Nicéia, foi reconhecida desde os primeiros concílios ecumênicos sendo ainda hoje a forma tradicional de governo nas Igrejas Orientais.[45] Assim, na sua origem e estrutura particular, aquela é de instituição eclesiástica. Por isso mesmo, o Concílio Ecumênico Vaticano II expressou o desejo de que "onde for necessário, se erijam novos Patriarcados, cuja continuação é reservada ao Concílio Ecumênico ou ao Romano Pontífice".[46] Todo aquele que detém, nas Igrejas Orientais, um poder supra-episcopal e supralocal — como os Patriarcas e os Sínodos dos Bispos das Igrejas Patriarcais —, participa da suprema autoridade que o Sucessor de Pedro tem sobre toda a Igreja, e exerce este seu poder no

---

[45] Cf. João Paulo II, Const. ap. *Sacri canones* (18 de outubro de 1990): *AAS* 82 (1990), 1037.

[46] Decr. sobre as Igrejas Católicas Orientais *Orientalium Ecclesiarum*, n. 11.

respeito não só do primado do Romano Pontífice,[47] mas também do múnus de cada Bispo, sem invadir o campo da sua competência nem limitar o livre exercício das funções que lhe são próprias.

De fato, as relações entre os Bispos de uma Igreja Patriarcal e o Patriarca, que por sua vez é o Bispo da eparquia patriarcal, desenrolam-se sobre a base estabelecida já na antigüidade na obra *Cânones dos Apóstolos*: "É necessário que os Bispos de cada nação saibam quem dentre eles é o primeiro e o considerem como seu chefe, não fazendo nada de importante sem o seu consentimento; cada qual ocupar-se-á somente daquilo que se refere ao seu distrito e aos territórios que dele dependem; mas, ele mesmo, não faça nada sem o consentimento de todos; assim reinará a concórdia e Deus será glorificado, por Cristo no Espírito Santo".[48] Este cânone exprime a antiga praxe da sinodalidade nas Igrejas do Oriente, dando ao mesmo tempo o seu fundamento teológico e significado doxológico, visto que se afirma claramente que a ação sinodal dos Bispos na concórdia dá culto e glória a Deus Trino.

Na vida sinodal das Igrejas Patriarcais, portanto, deve ser reconhecida uma realização efetiva da dimensão colegial do ministério episcopal. Todos os Bis-

---

[47] Cf. *Código dos Cânones das Igrejas Orientais*, cân(s). 76 e 77.

[48] Cf. *Canones Apostolorum*, VIII, 47, 34: Ed. F. X. Funk, I, 572-574.

pos legitimamente consagrados participam no Sínodo da sua Igreja Patriarcal enquanto pastores duma porção do Povo de Deus. Todavia, a função do primeiro, ou seja, do Patriarca é reconhecida como um elemento a seu modo constituinte da ação colegial. Com efeito, não se verifica qualquer ação colegial, antes de haver um "primeiro" reconhecido como tal. Por outro lado, a sinodalidade não destrói nem diminui a legítima autonomia de cada Bispo no governo da sua Igreja; mas assegura o afeto colegial dos Bispos co-responsáveis de todas as Igrejas particulares incluídas no Patriarcado.

Ao Sínodo Patriarcal é reconhecido um verdadeiro poder de governo. De fato, elege o Patriarca e os Bispos para os cargos dentro do território da Igreja patriarcal, e ainda os candidatos ao episcopado para os cargos fora dos limites da Igreja Patriarcal que serão propostos ao Romano Pontífice para a nomeação.[49] Além do consentimento ou do parecer necessários para a validade de determinados atos de competência do Patriarca, compete ao Sínodo também emanar as leis, que vigoram dentro — e, no caso de leis litúrgicas, mesmo fora — dos limites da Igreja Patriarcal.[50] Além disso, ressalvada a competência da Sé Apostólica, o Sínodo é o tribunal superior dentro dos limites da pró-

---

[49] Cf. *Código dos Cânones das Igrejas Orientais*, cân(s). 110-§ 3 e 149.

[50] Cf. ibidem, cân(s). 110-§ 1; 150-§§ 2 e 3.

pria Igreja Patriarcal.[51] Para a gestão dos assuntos mais importantes, especialmente quando se trata da atualização das formas e modos de apostolado e da disciplina eclesiástica, o Patriarca e também o Sínodo Patriarcal servem-se da colaboração consultiva da Assembléia Patriarcal, que o Patriarca convoca pelo menos de cinco em cinco anos.[52]

A organização metropolitana
e das Províncias eclesiásticas

62. Um modo concreto para favorecer a comunhão entre os Bispos e a solidariedade entre as Igrejas é revitalizar a antiquíssima instituição das Províncias eclesiásticas, onde os Metropolitas são instrumento e sinal tanto da fraternidade entre os Bispos da Província como da sua comunhão com o Romano Pontífice.[53] Com efeito, pela semelhança dos problemas que afligem os diversos Bispos e também pelo fato do seu número limitado permitir um acordo maior e mais eficaz, um trabalho pastoral comum será certamente mais bem programado nas assembléias dos Bispos da mesma Província e sobretudo nos Concílios provinciais.

---

[51] Cf. ibidem, cân(s). 101-§ 2 e 1062.

[52] Cf. ibidem, cân(s). 140-143.

[53] Cf. *propositio* 28; *Código de Direito Canônico*, cân. 437-§ 1; *Código dos Cânones das Igrejas Orientais*, cân. 156-§ 1.

Onde se considerar oportuno para o bem comum a ereção das Regiões eclesiásticas, tal função poderá ser desempenhada pelas assembléias dos Bispos da mesma Região ou, em todo caso, pelos Concílios plenários. Vem a propósito reiterar o voto formulado pelo Concílio Vaticano II: "A veneranda instituição dos Sínodos e Concílios retome novo rigor, para se prover mais adequada e eficazmente ao incremento da fé e à conservação da disciplina nas várias Igrejas, segundo as exigências dos tempos".[54] Aí, os Bispos poderão intervir manifestando não só a comunhão entre eles, mas também com todas as partes que formam a porção do Povo de Deus a eles confiada; tais partes são representadas nos Concílios nos termos do direito.

Com efeito, nos Concílios particulares, onde tomam parte também presbíteros, diáconos, religiosos, religiosas e leigos, embora somente com voto consultivo, exprime-se de modo imediato não só a comunhão entre os Bispos, mas também a comunhão entre as Igrejas. Além disso, como solene momento eclesial que são, os Concílios particulares requerem uma diligente reflexão na preparação, que comprometa todas as categorias de fiéis, de tal modo que se tornem sede adequada para as decisões mais importantes, especialmente

---

[54] Decr. sobre o múnus pastoral dos Bispos na Igreja *Christus Dominus*, n. 36.

as que dizem respeito à fé. Assim, o lugar dos Concílios particulares não pode ser ocupado pelas Conferências Episcopais, como especifica o Concílio Vaticano II ao desejar que os Concílios particulares retomem novo vigor. Contudo as Conferências Episcopais podem ser um válido instrumento para a preparação dos Concílios plenários.[55]

As Conferências Episcopais

63. Não se pretende de forma alguma, com isso, calar a importância e utilidade das Conferências dos Bispos, que receberam no último Concílio uma configuração institucional própria, especificada posteriormente no Código de Direito Canônico e no recente Motu proprio *Apostolos suos*.[56] Nas Igrejas Católicas Orientais, são instituições análogas as Assembléias dos Hierarcas de diversas Igrejas *sui iuris* previstas pelo Código dos Cânones das Igrejas Orientais "para que, num elucidativo intercâmbio de prudência e experiência e através duma comparação de pareceres, nasça uma santa união de forças pelo bem comum das Igrejas, pela qual se possa favorecer a unidade de ação, ajudar as ações comuns, promover mais rapidamente o

---

[55] Cf. *Código de Direito Canônico*, cân(s). 441 e 443.

[56] Cf. *AAS* 90 (1998), 641-658.

bem da religião e ainda observar mais eficazmente a disciplina eclesiástica".[57]

Hoje estas assembléias de Bispos, como o reconheciam também os padres sinodais, são um válido instrumento para manifestar o espírito colegial dos Bispos e levá-lo à pratica. Por isso, as Conferências Episcopais devem ser ainda mais valorizadas em todas as suas potencialidades.[58] De fato, "desenvolveram-se notavelmente, ocupando o lugar de órgão preferido dos Bispos duma nação ou de determinado território para o intercâmbio de opiniões, consultação recíproca e colaboração em favor do bem comum da Igreja: elas tornaram-se nestes anos uma realidade concreta, viva e eficaz em todas as partes do mundo. A sua importância resulta do fato de contribuírem eficazmente para a unidade entre os Bispos e, conseqüentemente, para a unidade da Igreja, sendo um instrumento muito válido para robustecer a comunhão eclesial".[59]

Uma vez que são membros das Conferências Episcopais apenas os Bispos e todos aqueles que no direito são equiparados aos Bispos diocesanos, apesar

---

[57] Cân. 322.

[58] Cf. *Propositiones* 29 e 30.

[59] João Paulo II, Motu proprio *Apostolos suos* (21 de maio de 1998), n. 6: *AAS* 90 (1998), 645-646.

de não estar revestidos do caráter episcopal,[60] o fundamento teológico das mesmas é, diversamente dos Concílios particulares, imediatamente a dimensão colegial da responsabilidade do governo episcopal; e só indiretamente a comunhão entre as Igrejas.

Em todo caso, sendo as Conferências Episcopais um órgão permanente que se reúne periodicamente, a sua função será eficaz se aparecer como auxiliar relativamente àquela que cada Bispo desempenha, por direito divino, na sua Igreja. Com efeito, no nível da sua Igreja, o Bispo diocesano apascenta em nome do Senhor o rebanho que lhe foi confiado como pastor próprio, ordinário e imediato e a sua ação é estritamente pessoal, não colegial, embora animada pelo espírito de comunhão. Portanto, no nível de agrupamentos de Igrejas particulares por zonas geográficas (nação, região etc.), os Bispos, que a eles presidem, não exercem conjuntamente o seu múnus pastoral através de atos colegiais iguais aos do Colégio Episcopal, o qual, como sujeito teológico, é indivisível.[61] Por isso, os Bispos da mesma Conferência Episcopal reunidos em assembléia exercem conjuntamente para bem dos seus fiéis — nos limites das competências que lhes foram atribuídas pelo

---

[60] Cf. *Código de Direito Canônico*, cân. 450.

[61] Cf. João Paulo II, Motu proprio *Apostolos suos* (21 de maio de 1998), nn. 10 e 12: *AAS* 90 (1998), 648.650.

direito ou por um mandato da Sé Apostólica — só algumas das funções que derivam do seu ministério pastoral (*munus pastorale*).[62]

É verdade que as Conferências Episcopais mais numerosas, para realizarem precisamente o seu serviço em favor de cada um dos Bispos que as constituem e conseqüentemente das respectivas Igrejas, requerem uma complexa organização. Em todo caso "evite-se a burocratização dos ofícios e comissões ativas no período entre as reuniões plenárias".[63] De fato, "as Conferências Episcopais, com as suas comissões e ofícios, existem para ajudar os Bispos, não para ocupar o lugar deles",[64] e menos ainda para constituir uma estrutura intermédia entre a Sé Apostólica e cada um dos Bispos. As Conferências Episcopais podem prestar uma válida ajuda à Sé Apostólica, dando o seu parecer sobre problemas específicos de caráter mais geral.[65]

As Conferências Episcopais exprimem e põem em prática o espírito colegial que une os Bispos e conseqüentemente a comunhão entre as várias Igrejas, estabelecendo entre elas, sobretudo entre as mais pró-

---

[62] Cf. ibidem, nn. 12, 13 e 19: op. cit., 649-651.653-654; *Código de Direito Canônico*, cân(s). 381-§ 1, 447 e 455-§ 1.

[63] João Paulo II, Motu proprio *Apostolos suos* (21 de maio de 1998), n. 18: *AAS* 90 (1998), 653.

[64] Ibidem.

[65] Cf. *Propositio* 25.

ximas, estreitas relações para se alcançar um bem maior.[66] Isto se pode conseguir de diversas maneiras, através de conselhos, simpósios, federações. De notável relevo são sobretudo as reuniões continentais dos Bispos; mas não assumem nunca as competências que são reconhecidas às Conferências Episcopais. Tais reuniões são de grande ajuda para fomentar entre as Conferências Episcopais das diversas nações aquela colaboração que, neste tempo de "globalização", se revela particularmente necessária para enfrentar os seus desafios e realizar uma verdadeira "globalização da solidariedade".[67]

A unidade da Igreja e o diálogo ecumênico

64. A oração do Senhor Jesus pela unidade entre todos os seus discípulos (*ut unum sint:* Jo 17,21) constitui, para cada Bispo, um veemente apelo para um dever apostólico concreto. Não é possível esperar esta unidade como fruto dos nossos esforços; trata-se principalmente de um dom da Santíssima Trindade à Igreja. Mas isto não dispensa os cristãos de empenhar-se a fundo, começando pela oração, para apressar o caminho para a plena unidade. Correspondendo às preces e

---

[66] Cf. *Código de Direito Canônico*, cân. 459-§ 1.

[67] Cf. *Propositio* 30.

intentos do Senhor e à sua oblação na Cruz para trazer à unidade os filhos dispersos (cf. Jo 11,52), a Igreja Católica sente-se irreversivelmente comprometida no diálogo ecumênico, do qual depende a eficácia do seu testemunho no mundo. É preciso, pois, perseverar no caminho do diálogo da verdade e do amor.

Muitos padres sinodais lembraram a vocação específica que cada Bispo tem de promover na própria diocese esse diálogo e de o realizar *in veritate et caritate* (cf. Ef 4,15). Com efeito, o escândalo da divisão entre os cristãos é sentido por todos como um sinal contrário à esperança cristã. Entre as formas concretas para essa promoção do diálogo ecumênico conta-se um melhor conhecimento recíproco entre a Igreja Católica e as outras Igrejas e Comunidades eclesiais que não estão em plena comunhão com ela, encontros e iniciativas apropriados, e sobretudo o testemunho da caridade. Na realidade, existe um ecumenismo da vida cotidiana, feito de acolhimento, escuta e colaboração recíprocos, que possui uma eficácia singular.

Por outro lado, os padres sinodais chamaram a atenção também para o risco de gestos pouco ponderados, sinais dum "ecumenismo impaciente", que podem causar dano ao caminho que se está fazendo para a plena unidade. Por conseguinte, é muito importante que todos conheçam e ponham em prática os retos princípios do diálogo ecumênico; insista-se sobre eles nos seminários com os candidatos ao ministério sagrado, nas paróquias e em outras estruturas eclesiais. A própria vida interna da Igreja deve dar um testemunho de unidade no respeito e na abertura de espaços cada vez maiores onde as grandes tradições teológicas, espirituais, litúrgicas e disciplinares sejam acolhidas e desenvolvam as suas grandes riquezas.[68]

A missionariedade no ministério episcopal

65. Enquanto membros do Colégio Episcopal, os Bispos são consagrados não só em benefício de uma diocese, mas para a salvação de todos os homens.[69] Esta doutrina exposta no Concílio Vaticano II foi recordada pelos padres sinodais, para pôr em evidência o fato de que todo Bispo deve estar consciente da índole missionária do seu próprio ministério pastoral. Assim, toda a sua ação pastoral se deve caracterizar por um espírito missionário, para suscitar e conservar no espírito dos fiéis o zelo pela difusão do Evangelho. Por isso, o Bispo deve suscitar, promover e orientar, na respectiva diocese, atividades e iniciativas missionárias, mesmo sob o ponto de vista econômico.[70]

---

[68] Cf. *Propositio* 60.

[69] Cf. Conc. Ecum. Vat. II, Decr. sobre a atividade missionária da Igreja *Ad gentes*, n. 38.

[70] Cf. *Propositio* 63.

Mas não menos importante — como foi afirmado no Sínodo — é estimular a dimensão missionária dentro da própria Igreja particular, promovendo, segundo as diversas situações, valores fundamentais, tais como o reconhecimento do próximo, o respeito da diversidade cultural, uma saudável interação entre as diferentes culturas. De fato, o caráter cada vez mais pluricultural das cidades e das sociedades, resultante sobretudo das migrações internacionais, cria novas situações que propõem um particular desafio missionário.

Na aula sinodal, houve também intervenções que puseram em destaque algumas questões conexas com as relações entre os Bispos diocesanos e as congregações religiosas missionárias, sublinhando a necessidade duma reflexão mais profunda sobre isso. Simultaneamente, reconheceu-se a grande contribuição de experiência que uma Igreja particular pode receber das congregações de vida consagrada para manter viva a dimensão missionária entre os fiéis.

No seu zelo, o Bispo apresente-se como servo e testemunha da esperança. A missão é, sem dúvida, o indicador exato da fé em Cristo e no seu amor por nós:[71] por ela, o homem de todos os tempos é levado a

---

[71] Cf. João Paulo II, Carta enc. *Redemptoris missio* (7 de dezembro de 1990), n. 11: *AAS* 83 (1991), 259-260.

uma vida nova, animada pela esperança. Ora, anunciando Cristo ressuscitado, os cristãos apresentam aquele que inaugura uma nova era da história e proclamam ao mundo a Boa-Nova de uma salvação integral e universal, que nela contém o penhor de um novo mundo, onde o sofrimento e a injustiça darão lugar à alegria e à beleza. Ao início dum novo milênio, quando é mais viva a consciência da universalidade da salvação e se experimenta a necessidade de renovar cada dia o anúncio do Evangelho, da assembléia sinodal chega o convite a não diminuir o empenho missionário, mas antes ampliá-lo numa cooperação missionária cada vez mais profunda.

Capítulo VII

O BISPO PERANTE
OS DESAFIOS ATUAIS

Tende confiança! Eu venci o mundo (Jo 16,33).

66. Na Sagrada Escritura, a Igreja é comparada a um rebanho, "do qual o próprio Deus predisse que seria o pastor, e cujas ovelhas, ainda que governadas por pastores humanos, são contudo guiadas e alimentadas sem cessar pelo próprio Cristo, Bom Pastor e príncipe dos pastores".[1] Porventura não foi o próprio Jesus que qualificou os seus discípulos como *pusillus grex* (cf. Lc 12,32) e que os exortou a não temerem, mas a cultivarem a esperança?

Esta exortação, repetiu-a Jesus várias vezes aos seus discípulos: "No mundo tereis aflições, mas tende confiança! Eu venci o mundo" (Jo 16,33). E quando estava para voltar ao Pai, depois de ter lavado os pés dos Apóstolos, disse-lhes: "Não se turve o vosso coração" e acrescentou: "Eu sou o Caminho [...]. Ninguém vem ao Pai senão por mim" (Jo 14,1.6). Por este cami-

---

[1] Conc. Ecum. Vat. II, Const. dogm. sobre a Igreja *Lumen gentium*, n. 6.

nho que é Cristo, encaminhou os seus passos o pequenino rebanho — a Igreja —, sendo guiado por ele, o Bom Pastor, que, "depois de fazer sair todas as ovelhas, vai diante delas e as ovelhas o seguem, porque conhecem a sua voz" (Jo 10,4).

À imagem de Jesus Cristo e seguindo as suas pegadas, também o Bispo sai para anunciá-lo ao mundo como Salvador do homem, de cada homem. Missionário do Evangelho, atua em nome da Igreja, perita em humanidade e solidária com os homens do nosso tempo. Por isso, animado pela radicalidade evangélica, ele tem o dever de desmascarar as falsas antropologias, resgatar os valores espezinhados pelos processos ideológicos e discernir a verdade. Sabe que pode repetir com o Apóstolo: "Se nós trabalhamos e lutamos, é porque colocamos a nossa esperança no Deus vivo, Salvador de todos os homens, principalmente dos que têm fé" (1Tm 4,10).

Assim a ação do Bispo há de caracterizar-se por aquela *parresia* que é fruto da intervenção do Espírito (cf. At 4,31); deste modo, saindo de si próprio para anunciar Jesus Cristo, ele assume com confiança e coragem a sua missão, *factus pontifex*, constituído verdadeiramente "ponte" ao encontro de cada homem. Com paixão de pastor, sai à procura das ovelhas, imitando Jesus que diz: "Ainda tenho outras ovelhas que não são deste aprisco e também tenho de as conduzir;

ouvirão a minha voz e haverá um só rebanho e um só Pastor" (Jo 10,16).

O Bispo, obreiro de justiça e de paz

67. No âmbito desta missionariedade, os padres sinodais viram o Bispo como um profeta de justiça. A guerra dos poderosos contra os débeis tem aberto, de dia para dia, profundas divisões entre ricos e pobres. Os pobres são inúmeros! Dentro dum sistema econômico injusto, com discrepâncias estruturais muito acentuadas, os marginalizados sentem a sua situação agravar-se de dia para dia. Em muitas partes da terra, hoje grassa a fome, enquanto noutras há opulência. E as vítimas destas dramáticas desigualdades são sobretudo os pobres, os jovens, os refugiados. Também a mulher, em muitos lugares, é vexada na sua dignidade de pessoa, vítima duma cultura hedonista e materialista.

Diante — e muitas vezes dentro — destas situações de injustiça que abrem inevitavelmente a porta aos conflitos e à morte, o Bispo é o defensor dos direitos do homem, criado à imagem e semelhança de Deus. Prega a doutrina moral da Igreja, em defesa do direito da vida, desde a concepção até o seu termo natural; prega também a doutrina social da Igreja, cujo fundamento está no Evangelho, e toma a peito a defesa de quem é débil, dando voz a quem a não tem para fazer valer os seus direitos. Não há dúvida que a doutrina social da Igreja é capaz de suscitar esperança mesmo nas situações mais difíceis, porque, se não houver esperança para os pobres, não a haverá para ninguém, nem mesmo para os chamados ricos.

Os Bispos condenaram vigorosamente o terrorismo e o genocídio e levantaram a sua voz em favor dos que choram por causa de injustiças, que estão sujeitos a perseguições, que estão desempregados, em prol das crianças humilhadas de maneiras diversas mas sempre gravíssimas. Como a santa Igreja é no mundo sacramento de íntima união com Deus e da unidade de todo o gênero humano,[2] também o Bispo é defensor e pai dos pobres, é zeloso da justiça e dos direitos humanos, é portador de esperança.[3]

Explícita e forte foi a mensagem dos padres sinodais, unida à minha. "Durante o Sínodo, não pudemos deixar de escutar o eco de muitos outros dramas coletivos. [...] É urgente uma mudança de ordem moral [...]. Alguns males endêmicos, subestimados por demasiado tempo, podem levar populações inteiras ao desespero. Como é que podemos nos calar, diante do drama persistente da fome e da pobreza extrema, numa época que a humanidade tem à disposição, hoje mais

---

[2] Cf. Conc. Ecum. Vat. II, Const. dogm. sobre a Igreja *Lumen gentium*, n. 1.

[3] Cf. *Propositiones* 54-55.

do que nunca, os instrumentos para uma partilha eqüitativa? Não podemos deixar de expressar a nossa solidariedade para com as multidões de refugiados e de imigrantes que, por causa das guerras e devido à opressão política ou à discriminação econômica, são obrigados a abandonar a sua terra e partir em busca de um trabalho e na esperança da paz. Os desastres causados pela malária, o aumento da Aids, o analfabetismo, a falta de um futuro para numerosas crianças e jovens abandonados na rua, a exploração das mulheres, a pornografia, a intolerância, a instrumentalização inaceitável da religião para finalidades violentas, o tráfico de drogas e o comércio de armamentos... O catálogo não é completo! E todavia, apesar de todas estas dificuldades, os humildes voltam a erguer a cabeça. O Senhor olha para eles e apóia-os: 'Por causa da aflição dos humildes e dos gemidos dos pobres, levantar-me-ei — diz o Senhor' (Sl 12(11),6)".[4]

Do quadro dramático aqui delineado, segue-se com óbvia urgência o apelo e o compromisso pela paz. Com efeito, permanecem ativos os focos de conflito herdados do século e milênio passados. Não faltam também conflitos locais, que criam profundas dilacerações entre as culturas e as nacionalidades. E será possível não falar dos fundamentalismos religiosos,

---

[4] X Assembléia Geral Ordinária do Sínodo dos Bispos, *Mensagem* (25 de outubro de 2001), 10-11: *L'Osservatore Romano* (ed. port. de 3/XI/2001), 606.

sempre inimigos do diálogo e da paz? Em muitas regiões do mundo, a terra mais parece um paiol, pronto a explodir causando na família humana enormes sofrimentos.

Nesta situação, a Igreja continua a anunciar a paz de Cristo, que no sermão da montanha proclamou bem-aventurados "os pacificadores" (Mt 5,9). A paz é uma responsabilidade universal, que passa através de mil e um atos humildes da vida de cada dia. Ela aguarda os seus profetas e construtores, que não podem faltar antes de mais nada nas comunidades eclesiais, cujo pastor é o Bispo. A exemplo de Jesus, que veio para anunciar a liberdade aos oprimidos e proclamar o ano de graça do Senhor (cf. Lc 4,16-21), ele sempre estará pronto a mostrar que a esperança cristã está intimamente unida ao zelo pela promoção integral do homem e da sociedade, como ensina a doutrina social da Igreja.

Se eventualmente se encontrar no meio de situações de conflito armado, não raras infelizmente, o Bispo, ao mesmo tempo que exorta o povo a fazer valer os seus direitos, não cesse de advertir que, para um cristão, é forçoso em todo o caso pôr de parte a vingança e abrir-se ao perdão e ao amor dos inimigos.[5] De fato, não há justiça sem perdão. Embora difícil de

---

[5] Cf. *Propositio* 55.

aceitar, a seguinte afirmação aparece aos olhos de toda pessoa sensata como evidente: uma verdadeira paz só se torna possível pelo perdão.[6]

O diálogo inter-religioso, a bem sobretudo da paz no mundo

68. Como já tive ocasião de afirmar em diversas circunstâncias, o diálogo entre as religiões deve estar ao serviço da paz entre os povos. De fato, as tradições religiosas possuem os recursos necessários para superar as divisões e favorecer a recíproca amizade e o respeito entre os povos. O Sínodo lançou o apelo aos Bispos para que se façam promotores de encontros, incluindo representantes dos povos, para refletir atentamente sobre os litígios e as guerras que dilaceram o mundo, a fim de individuar caminhos percorríveis para chegar a um compromisso comum de justiça, concórdia e paz.

Os padres sinodais sublinharam com ênfase a importância que o diálogo inter-religioso tem para a paz, e pediram aos Bispos que se empenhem em tal sentido nas respectivas dioceses. Podem ser abertas novas estradas para a paz, através da afirmação da liberdade religiosa, de que falou o Concílio Vaticano II

---

[6] Cf. João Paulo II, *Mensagem para a Jornada Mundial da Paz – 2002* (8 de dezembro de 2001), 8: *AAS* 94 (2002), 137.

no Decreto *Dignitatis humanae*, e também através da obra educativa em prol das novas gerações, e do correto uso dos meios de comunicação social.[7]

O horizonte do diálogo inter-religioso, porém, é seguramente mais amplo; por esse motivo, os padres sinodais reafirmaram que tal diálogo é parte da nova evangelização, sobretudo nestes tempos — mais do que no passado — em que, nas mesmas regiões, nas mesmas cidades, nos lugares de trabalho da vida cotidiana convivem pessoas pertencentes a diversas religiões. Assim, o diálogo inter-religioso é exigido pela vida cotidiana de muitas famílias cristãs, devendo também por isso os Bispos, como mestres da fé e pastores do Povo de Deus, dedicar-lhe uma justa atenção.

Deste contexto de convivência com pessoas doutras religiões, nasce para os cristãos um especial dever de testemunhar a unicidade e universalidade do mistério salvífico de Jesus Cristo e a conseqüente necessidade da Igreja como instrumento de salvação para toda a humanidade. "Esta verdade de fé nada tira ao fato de a Igreja nutrir pelas religiões do mundo um sincero respeito, mas ao mesmo tempo exclui de forma radical a mentalidade indiferentista imbuída de um relativismo religioso que leva a pensar que 'tanto vale uma religião

---

[7] Cf. *Propositiones* 61 e 62.

como outra' ".[8] É claro, pois, que o diálogo inter-religioso nunca pode substituir o anúncio e propagação da fé, os quais constituem a finalidade prioritária da pregação, da catequese e da missão da Igreja.

Afirmar com desassombro e sem ambigüidade que a salvação do homem depende da redenção operada por Cristo não impede o diálogo com as outras religiões. E, na perspectiva da profissão da esperança cristã, não se há de esquecer que é precisamente aquela que fundamenta o diálogo inter-religioso. De fato, como se afirma na Declaração conciliar *Nostra aetate*, "os homens constituem todos uma só comunidade; todos têm a mesma origem, pois foi Deus quem fez habitar em toda a terra o inteiro gênero humano; têm também todos um só fim último, Deus, que a todos estende a sua providência, seus testemunhos de bondade e seus desígnios de salvação até que os eleitos se reúnam na cidade santa, iluminada pela glória de Deus e onde todos os povos caminharão na sua luz".[9]

A vida civil, social e econômica

69. Na ação pastoral do Bispo, não pode faltar uma particular atenção às exigências de amor e de jus-

---

[8] Congr. para a Doutrina da Fé, Decl. *Dominus Iesus* (6 de agosto de 2000), n. 22: *AAS* 92 (2000), 763.

[9] N. 1.

tiça que derivam das condições sociais e econômicas das pessoas mais pobres, abandonadas, maltratadas, em cada uma das quais o crente vê um ícone especial de Jesus. A sua presença nas comunidades eclesiais e civis põe à prova a autenticidade da nossa fé cristã.

Gostaria de dedicar algumas palavras ao complexo fenômeno da chamada globalização, uma das características do mundo atual. Existe efetivamente uma "globalização" da economia, da finança e também da cultura, que se vai progressivamente consolidando graças aos rápidos progressos das tecnologias informáticas. Como já tive ocasião de dizer noutras ocasiões, aquela requer um atento discernimento com o objetivo de individuar os seus aspectos positivos e negativos e as várias conseqüências que daí podem derivar para a Igreja e para o gênero humano inteiro. Para tal discernimento, é importante a contribuição dos Bispos, que sempre hão de recordar a urgência de se chegar a uma globalização na caridade, sem marginalização. Também os padres sinodais lembraram o dever de promover uma "globalização da caridade", considerando neste mesmo contexto as questões relativas ao perdão da dívida pública externa, que compromete as economias de populações inteiras, travando o seu progresso social e político.[10]

---

[10] Cf. *Propositio* 56.

Não podendo retomar aqui toda esta grave problemática, limito-me a repetir alguns pontos fundamentais, expostos já noutros lugares: nesta matéria, a visão da Igreja tem três pontos de referência essenciais e concomitantes que são a dignidade da pessoa humana, a solidariedade e a subsidiariedade. E, por conseguinte, "a economia globalizada deve ser analisada à luz dos princípios da justiça social, respeitando a opção preferencial pelos pobres, que devem ser colocados em condições de defender-se numa economia globalizada, e as exigências do bem comum internacional".[11] Inserida no dinamismo da solidariedade, a globalização deixa de ser marginalizadora. De fato, a globalização da solidariedade é conseqüência direta daquela caridade universal que é a alma do Evangelho.

O respeito pelo ambiente e a salvaguarda da criação

70. Os padres sinodais lembraram também os aspectos éticos do problema ecológico.[12] De fato, o sentido profundo do apelo para globalizar a solidariedade tem a ver também, e urgentemente, com a questão da salvaguarda da criação e dos recursos da terra.

---

[11] João Paulo II, Exort. ap. pós-sinodal *Ecclesia in America* (22 de janeiro de 1999), n. 55: *AAS* 91 (1999), 790-791.

[12] Cf. *Propositio* 56.

O "gemido das criaturas", a que alude o Apóstolo (cf. Rm 8,22), hoje parece verificar-se numa perspectiva invertida, porque se trata, não já duma tensão escatológica na expectativa da revelação dos filhos de Deus (cf. Rm 8,19), mas dum espasmo de morte que tende a agarrar o próprio homem para o destruir.

Com efeito, é aqui que se manifesta, na sua forma mais insidiosa e perversa, o problema ecológico. Na realidade, "o índice mais profundo e mais grave das implicações morais, situadas na problemática ecológica, é constituído pela falta de respeito pela vida, como se pode verificar em muitos comportamentos corrompidos. Muitas vezes as razões da produção prevalecem sobre a dignidade do trabalhador, e os interesses econômicos são postos acima do bem de cada pessoa, senão mesmo acima do bem de populações inteiras. Nestes casos, a corrupção e a destruição do ambiente são fruto de uma visão redutiva e artificial que, algumas vezes, denota um verdadeiro desprezo do homem".[13]

É evidente que está em jogo não só uma ecologia física, ou seja, preocupada com tutelar o *habitat* dos vários seres vivos, mas também uma *ecologia humana*, que proteja o bem radical da vida em todas as

---

[13] João Paulo II, *Mensagem para o Dia Mundial da Paz – 1990* (8 de dezembro de 1989), 7: *AAS* 82 (1990), 150.

suas manifestações e prepare para as futuras gerações um ambiente o mais próximo possível do projeto do Criador. Há necessidade, pois, duma *conversão ecológica*, para a qual os Bispos hão de dar a sua contribuição ensinando a correta relação do homem com a natureza. À luz da doutrina sobre Deus-Pai, criador do céu e da terra, vê-se que se trata duma relação "ministerial": o homem está efetivamente colocado no centro da criação, como ministro do Criador.

O ministério do Bispo em prol da saúde

71. A solicitude pelo homem leva o Bispo a imitar Jesus, o verdadeiro "bom samaritano", cheio de compaixão e misericórdia, que cuida do homem sem discriminação alguma. A defesa da saúde ocupa lugar destacado entre os desafios atuais. Muitas são ainda, infelizmente, as formas de doença presentes nas várias partes do mundo e, embora a ciência humana avance de modo vertiginoso na procura de novas soluções ou ajude a enfrentá-las melhor, aparecem sempre novas situações onde acaba minada a saúde física e psíquica.

No âmbito da própria diocese, cada Bispo, com a ajuda de pessoas qualificadas, é chamado a fazer com que seja integralmente anunciado o "Evangelho da vida". O empenho em humanizar a medicina e a assistência aos doentes por cristãos, que solicitamente testemunham a sua solidariedade a quem sofre, despertam no espírito de cada um a figura de Jesus, médico dos corpos e das almas. Entre as instruções dadas aos seus Apóstolos, não deixou de inserir a exortação a curar os enfermos (cf. Mt 10,8).[14] Assim, a organização e a promoção duma adequada pastoral para os agentes sanitários merecem verdadeiramente uma prioridade no coração de um Bispo.

De modo particular, os padres sinodais sentiram a necessidade de manifestar bem alto a sua solicitude pela promoção duma autêntica "cultura da vida" na sociedade contemporânea: "Talvez o que mais surpreende o nosso coração de pastores sejam o desprezo pela vida, desde a concepção até o seu ocaso, e a desagregação da família. O *não* da Igreja ao aborto e à eutanásia é um *sim* à vida, um *sim* à bondade originária da criação, um *sim* que pode alcançar cada ser humano no santuário da sua consciência, um *sim* à família, primeira célula de esperança em que Deus se compraz a ponto de chamá-la a tornar-se igreja doméstica".[15]

---

[14] Cf. *Propositio* 57.

[15] X Assembléia Geral Ordinária do Sínodo dos Bispos, *Mensagem* (25 de outubro de 2001), 12: *L'Osservatore Romano* (ed. port. de 3/XI/2001), 606.

O cuidado pastoral do Bispo pelos migrantes

72. Os movimentos dos povos assumiram hoje proporções inéditas, apresentando-se como movimentos de massa que envolvem um número enorme de pessoas. Entre elas, há muitas expulsas ou em fuga do seu país por causa de conflitos armados, de precárias condições econômicas, de lutas políticas, étnicas e sociais, de catástrofes naturais. Todas estas migrações, apesar da sua diversidade, colocam sérias questões às nossas comunidades, relacionadas com problemas pastorais como a evangelização e o diálogo inter-religioso.

Por isso, convém que, nas dioceses, se providencie à instituição de estruturas pastorais concretas para o acolhimento e o cuidado pastoral destas pessoas, adequado às condições em que se encontram. É preciso também fomentar a colaboração entre dioceses limítrofes para se garantir um serviço mais eficiente e competente, cuidando também da formação de sacerdotes e agentes laicais particularmente generosos e disponíveis para este serviço exigente, sobretudo quanto aos problemas de natureza legal que possam aparecer na inserção destas pessoas no novo ordenamento social.[16]

---

[16] Cf. *Propositio* 58.

Neste contexto, os padres sinodais originários das Igrejas Católicas Orientais puseram outra vez o problema — novo em certos aspectos e de graves conseqüências na vida concreta — da emigração dos fiéis das suas comunidades. Na realidade, há um número bastante significativo de fiéis vindos das Igrejas Católicas Orientais que residem habitual e estavelmente fora das terras de origem e das sedes das Hierarquias Orientais. Trata-se, como é compreensível, duma situação que diariamente interpela a responsabilidade dos pastores.

Por isso, o Sínodo dos Bispos considerou necessário um exame mais profundo sobre os modos como poderiam as Igrejas Católicas, tanto Orientais como Ocidentais, estabelecer as estruturas pastorais oportunas e apropriadas, capazes de satisfazer as exigências destes fiéis que vivem em condições de "diáspora".[17] De qualquer forma, é um dever dos Bispos do lugar, não obstante a diversidade de rito, serem verdadeiros pais para estes fiéis de rito oriental, garantindo-lhes, no cuidado pastoral, a salvaguarda dos valores religiosos e culturais específicos, nos quais nasceram e receberam a sua formação cristã inicial.

---

[17] Cf. *Propositio* 23.

Estes são apenas alguns dos âmbitos onde o testemunho cristão e o ministério episcopal são reclamados com particular urgência. A assunção de responsabilidades que dizem respeito ao mundo, aos seus problemas, aos seus desafios, às suas expectativas pertence à obrigação de anunciar o Evangelho da esperança. De fato, está em jogo o futuro do homem, enquanto "ser de esperança".

Com a acumulação dos desafios a que está exposta a esperança, é bem compreensível que surja a tentação do cepticismo e do desânimo. Mas o cristão sabe que pode enfrentar mesmo as situações mais difíceis, porque o fundamento da sua esperança está no mistério da Cruz e da Ressurreição do Senhor. Só daí é possível haurir a força necessária para se colocar e permanecer ao serviço de Deus, que quer a salvação e a libertação integral do homem.

CONCLUSÃO

73. À vista de cenários humanamente tão complexos para o anúncio do Evangelho, vem à memória quase espontaneamente o relato da multiplicação dos pães narrado nos Evangelhos. Os discípulos referem a Jesus as suas perplexidades a respeito da multidão que, faminta da sua palavra, o seguiu até o deserto, propondo-lhe: "*Dimitte turbas...* Despede a multidão..." (Lc 9,12). Talvez tenham medo de não conseguir verdadeiramente saciar a fome de tamanha multidão de pessoas.

Análoga atitude poderia irromper no nosso espírito, descoroçoado pela grandeza dos problemas que interpelam as Igrejas e pessoalmente a nós, Bispos. Neste caso, é preciso recorrer àquela nova *fantasia da caridade* que deve explicitar-se não só nem sobretudo na eficiência das ajudas prestadas, mas na capacidade de ser solidário com quem padece necessidade, fazendo com que os pobres sintam cada comunidade cristã como a sua própria casa.[1]

---

[1] Cf. João Paulo II, Carta ap. *Novo millennio ineunte* (6 de janeiro de 2001), n. 50: *AAS* 93 (2001), 303.

Porém, Jesus tem o seu modo próprio de resolver os problemas. Como se quisesse provocar os Apóstolos, diz-lhes: "Dai-lhes vós mesmos de comer" (Lc 9,13). Já conhecemos a conclusão da narração: "Todos comeram e ficaram saciados; e ainda apanharam o que lhes tinha sobrado: doze cestos cheios de fragmentos" (Lc 9,17). Aquela abundância até sobrar ainda hoje aparece na vida da Igreja!

Pede-se aos Bispos do terceiro milênio que façam o que muitos santos Bispos souberam fazer ao longo da história até hoje. Por exemplo, são Basílio quis construir, mesmo às portas de Cesaréia, uma vasta estrutura de acolhimento para os necessitados, uma verdadeira cidadela da caridade, chamada "basilíade" em homenagem ao seu nome; daí transparece claramente que "a caridade das obras garante uma força inequivocável à caridade das palavras".[2] Tal é o caminho que devemos percorrer nós também: o Bom Pastor confiou o seu rebanho a cada Bispo, para que o alimente com a palavra e o eduque com o exemplo.

Mas aonde poderemos nós, Bispos, ir buscar o pão necessário para dar resposta a tantas perguntas, internas e externas às Igrejas e à Igreja? Teríamos vontade de desabafar o nosso desalento, como o fizeram

---

[2] Cf. ibidem, n. 50, op. cit., 303.

os Apóstolos a Jesus: "Onde iremos buscar, num deserto, pães suficientes para saciar tão grande multidão?" (Mt 15,33). Quais são os "lugares" donde extrair os recursos? Pelo menos podemos apontar algumas respostas fundamentais.

O nosso primeiro e transcendente recurso é o amor de Deus derramado nos nossos corações, pelo Espírito Santo que nos foi concedido (cf. Rm 5,5). O amor com que Deus nos amou é tal que nos pode sustentar sempre na busca dos justos caminhos para chegar ao coração do homem e da mulher de hoje. A cada instante o Senhor concede-nos, pela força do seu Espírito, a capacidade de amar e inventar as formas mais adequadas e nobres do amor. Chamados a ser servidores do Evangelho para a esperança do mundo, sabemos que esta esperança não provém de nós, mas do Espírito Santo, que "não cessa nunca de ser o guarda da esperança no coração do homem: da esperança de todas as criaturas humanas, e especialmente daquelas que "possuem as primícias do Espírito" e "aguardam a redenção do seu corpo".[3]

Outro recurso nosso é a Igreja, na qual estamos inseridos através do Batismo com tantos outros irmãos e irmãs, e com eles confessamos o único Pai celestial

---

[3] João Paulo II, Carta enc. *Dominum et vivificantem* (18 de maio de 1986), n. 67: *AAS* 78 (1986), 898.

e bebemos do único Espírito de santidade.[4] Fazer da Igreja "a casa e a escola da comunhão" é o empenho a que nos convida a situação atual, se quisermos dar resposta às expectativas do mundo.[5]

Também a nossa comunhão no corpo episcopal, onde fomos inseridos pela consagração, é uma riqueza estupenda, constituindo um apoio muito válido para ler com atenção os sinais dos tempos e discernir com clareza aquilo que o Espírito diz às Igrejas. No coração do Colégio dos Bispos, há o apoio e a solidariedade do Sucessor do apóstolo Pedro, cujo poder supremo e universal não anula, antes confirma, reforça e reivindica o poder dos Bispos, sucessores dos Apóstolos. Nesta perspectiva, será importante valorizar os instrumentos da comunhão segundo as grandes diretrizes do Concílio Vaticano II. Não há dúvida que existem realmente circunstâncias — e não são poucas hoje — em que uma Igreja particular por si só ou mesmo várias Igrejas vizinhas se sentem incapazes ou praticamente impossibilitadas de intervir adequadamente sobre problemas de maior vulto. É sobretudo em tais circunstâncias que o recurso aos instrumentos da comunhão episcopal pode oferecer uma autêntica ajuda.

---

[4] Cf. Tertulliano, *Apologeticum*, 39, 9: *CCL* 1, 151.

[5] Cf. João Paulo II, Carta ap. *Novo millennio ineunte* (6 de janeiro de 2001), 43: *AAS* 93 (2001), 296.

Um último e imediato recurso para o Bispo à procura do "pão" para aliviar a fome dos seus irmãos é a própria Igreja particular, quando nela aflora a espiritualidade da comunhão como princípio educativo "em todos os lugares onde se plasma o homem e o cristão, onde se educam os ministros do altar, os consagrados, os agentes pastorais, onde se constroem as famílias e as comunidades".[6] E aqui se evidencia uma vez mais a ligação entre a X Assembléia Geral Ordinária do Sínodo dos Bispos e as três assembléias gerais que imediatamente a precederam. É que um Bispo nunca está só: não está só na Igreja universal, nem o está na sua Igreja particular.

74. O compromisso do Bispo, ao início dum novo milênio, está claramente delineado. É o seu compromisso de sempre: anunciar o Evangelho de Cristo, salvação do mundo. Mas tal compromisso aparece marcado por novas urgências, que exigem a dedicação concorde de todas as componentes do Povo de Deus. O Bispo há de poder contar com os membros do presbitério diocesano e com os diáconos, ministros do sangue de Cristo e da caridade; com as irmãs e os irmãos consagrados, chamados a ser na Igreja e no mundo testemunhas eloqüentes do primado de Deus na vida cristã e da força do seu amor na fragilidade da condi-

---

[6] Ibidem, 43: op. cit., 296.

ção humana; e com os fiéis leigos, dotados de maiores possibilidades de apostolado na Igreja, que constituem para os Pastores uma fonte de particular apoio e um motivo de especial conforto.

No termo das reflexões exaradas nestas páginas, damo-nos conta de quanto o tema da X Assembléia Geral Ordinária do Sínodo dos Bispos encaminhe cada um de nós, Bispos, ao encontro de todos os nossos irmãos e irmãs na Igreja e de todos os homens e mulheres da terra. A eles nos envia Cristo, como um dia enviou os Apóstolos (cf. Mt 28,19-20). Tarefa nossa é ser de maneira eminente e visível, para cada pessoa, um sinal vivo de Jesus Cristo, Mestre, Sacerdote e Pastor.[7]

Jesus Cristo é, portanto, o ícone para o qual nós, venerados Irmãos no episcopado, olhamos no desempenho do nosso ministério de arautos da esperança. Como ele devemos, também nós, saber oferecer a nossa existência pela salvação de quantos nos foram confiados, anunciando e celebrando a vitória do amor misericordioso de Deus sobre o pecado e sobre a morte.

Sobre esta nossa tarefa invocamos a intercessão da Virgem Maria, Mãe da Igreja e Rainha dos Apóstolos. Ela, que no Cenáculo sustentou a oração do Colégio

---

[7] Cf. Conc. Ecum. Vat. II, Const. dogm. sobre a Igreja *Lumen gentium*, n. 21.

Apostólico, nos obtenha a graça de nunca faltar à dádiva de amor que Cristo nos confiou. Testemunha da verdadeira vida, Maria "brilha como sinal de esperança segura e de consolação, para o Povo de Deus ainda peregrinante — e por isso em particular para nós, que somos os seus Pastores — até que chegue o dia do Senhor".[8]

Dado em Roma, junto de são Pedro, no dia 16 de outubro do ano de 2003, vigésimo quinto aniversário da minha eleição para o Pontificado.

JOANNES PAULUS PP. II

---

[8] Ibidem, n. 68.

SUMÁRIO

Introdução 3

CAPÍTULO I
Mistério e ministério do Bispo 15

CAPÍTULO II
A vida espiritual do Bispo 33

CAPÍTULO III
Mestre da fé e arauto da Palavra 75

CAPÍTULO IV
Ministro da graça do supremo sacerdócio 93

CAPÍTULO V
O governo pastoral do Bispo 117

CAPÍTULO VI
Na comunhão das Igrejas 149

CAPÍTULO VII
O Bispo perante os desafios atuais 187

Conclusão 205

Coleção A Voz do Papa

01 - *Quanta cura* - Carta Encíclica sobre os principais erros da época - Pio XI

02 - *Arcanum Divinae Sapientiae* - Carta Encíclica sobre o matrimônio cristão - Leão XIII

03 - *Immortale Dei* - Carta Encíclica sobre a Constituição dos Estados - Leão XIII

04 - *Libertas*: sobre a liberdade humana - Leão XIII

05 - *Sapientiae Christianae*: sobre os principais deveres dos cidadãos cristãos - Leão XIII

06 - *Rerum Novarum* - Carta Encíclica sobre a condição dos operários - Leão XIII

07 - *Graves de Communi Re* - Carta Encíclica sobre a ação popular cristã - Leão XIII

08 - *Pascendi Dominici Gregis* - Carta Encíclica sobre as doutrinas modernistas - Pio X

09 - *Ubi Arcano Dei* - Carta Encíclica sobre a paz de Cristo no reino de Cristo - Pio XI

10 - *Divini Illius Magistri* - Carta Encíclica sobre a educação cristã da juventude - Pio XI

11 - *Casti Connubii* - Carta Encíclica sobre o matrimônio cristão - Pio XI

12 - *Vigilante Cura* - Carta Encíclica sobre o cinema - Pio XI

13 - *Divini Redemptoris* - Carta Encíclica sobre o comunismo ateu - Pio XI

14 - *Quadragesimo Anno* - Carta Encíclica sobre a restauração e aperfeiçoamento da ordem social em conformidade com a Lei Evangélica - Pio XI

15 - *Divino Afflante Spiritu* - Carta Encíclica sobre o modo mais oportuno de promover os estudos da Sagrada Escritura - Pio XII

16 - *Fulgens Corona* - Carta Encíclica sobre a Imaculada Conceição - Pio XII

17 - *Mediator Dei*: sobre a Liturgia - Pio XII

18 - *Miranda Prorsus* - Carta Encíclica sobre cinematografia, rádio e televisão - Pio XII

19 - *Mystici Corporis Christi* - Carta Encíclica sobre o corpo místico de Jesus Cristo e a nossa união nele com Cristo - Pio XII

20 - *Provida Mater Ecclesia*: sobre os Institutos Seculares - Pio XII
21 - Encíclica *Sacra Virginitas* - Pio XII
22 - *Sponsa Christi*: para as religiosas de clausura - Pio XII
23 - Carta de Sua Santidade João XIII às religiosas - João XIII
24 - *Mater et Magistra* - Carta Encíclica sobre a evolução da questão social à luz da doutrina cristã - João XXIII
25 - Carta Encíclica *Pacem in Terris* - João XXIII
26 - *Sacrosanctum Concilium* - Constituição sobre a Sagrada Liturgia - Concílio Vaticano II
27 - *Inter Mirifica* - Decreto sobre os meios de comunicação social - Concílio Vaticano II
28 - Carta Encíclica *Ecclesiam Suam* sobre os caminhos da Igreja - Paulo VI
29 - Instrução da Sagrada Congregação dos Ritos para executar retamente a Constituição Conciliar da Sagrada Liturgia - Concílio Vaticano II
30 - *Mense Maio* - Epístola Encíclica por ocasião do mês de maio - Paulo VI
31 - *Lumen Gentium "De Ecclesia"* - Constituição Dogmática sobre a Igreja - Concílio Vaticano II
32 - *Mysterium Fidei*: sobre o culto da sagrada eucaristia - Paulo VI
33 - *Perfectae Caritatis* - Decreto sobre a renovação da vida religiosa - Concílio Vaticano II
34 - *Gravissimum Educationis* - Declaração sobre a educação da juventude - Concílio Vaticano II
35 - *Optatam Totius* - Decreto sobre a formação sacerdotal - Concílio Vaticano II
36 - *Apostolicam Actuositatem* - Decreto sobre o apostolado dos leigos - Concílio Vaticano II
37 - *Dei Verbum* - Constituição Dogmática sobre a Revelação Divina - Concílio Vaticano II
38 - *Christus Dominus* - Decreto sobre o múnus pastoral dos Bispos - Concílio Vaticano II
39 - *Presbyterorum Ordinis* - Decreto sobre o ministério e a vida dos sacerdotes - Concílio Vaticano II
40 - Alocução à Assembléia Geral da Organização das Nações Unidas - Paulo VI

41 - *Gaudium et Spes* - Constituição Pastoral sobre a Igreja no mundo de hoje - Concílio Vaticano II

42 - *Ad Gentes* - Decreto sobre a atividade missionária da Igreja - Concílio Vaticano II

43 - *Nostra Aetate* - Declaração sobre a Igreja e as religiões não-cristãs - Concílio Vaticano II

44 - *Unitatis Redintegratio* - Decreto sobre o Ecumenismo - Concílio Vaticano II

45 - *Orientalium Ecclesiarum* - Decreto sobre as Igrejas Orientais Católicas - Concílio Vaticano II

46 - *Dignitatis Humanae* - Declaração sobre a liberdade religiosa - Concílio Vaticano II

47 - *Christi Matri Rosarii* - Carta Encíclica para a verdadeira e duradoura paz - Paulo VI

48 - *Indulgentiarum Doctrina* - Constituição Apostólica sobre as indulgências - Paulo VI

49 - *Populorum Progressio* - Carta Encíclica sobre o desenvolvimento dos povos - Paulo VI

50 - Segunda instrução para a exata aplicação da Constituição Litúrgica - Sagrada Congregação dos Ritos

51 - Discursos por ocasião de sua peregrinação a Fátima - Paulo VI

52 - *Sacerdotalis Caelibatus* - Celibato sacerdotal - Paulo VI

53 - Instrução sobre o culto do mistério eucarístico - Sagrada Congregação dos Ritos

54 - Carta Apostólica sobre a restauração do Diaconato Permanente da Igreja Latina - Paulo VI

55 - A Reforma Litúrgica, resultados e perspectivas - Circular do Cardeal Giácomo Lercaro, Presidente do "Consilium" para a aplicação da Constituição sobre a Sagrada Liturgia - Cardeal Giácomo Lercaro

56 - Carta Apostólica *Ecclesiae sanctae* - Sua Santidade o Papa Paulo VI estabelece normas para a execução de alguns decretos do Concílio Vaticano II - Paulo VI

59 - Mensagem aos sacerdotes ao terminarem o ano da fé - Paulo VI

60 - Carta Encíclica *Humanae Vitae* sobre a regulação da natalidade - Paulo VI

61 - Paulo VI no Congresso Eucarístico Internacional de Bogotá - Discursos e alocuções - Paulo VI

62 - Instrução sobre o adequado renovamento da formação para a vida religiosa - Sagrada Congregação para os Religiosos e Institutos Seculares

63 - *Matrimonia Mixta* - Carta apostólica sobre os Matrimônios Mistos - Paulo VI

64 - *Apostolicae Caritatis* - Carta Apostólica sobre a Pastoral das Migrações e do Turismo - Paulo VI

65 - Atividade Missionária - Mensagem para o Dia das Missões - Paulo VI

66 - *Sacramentali Communione* - Instrução da Sagrada Congregação para o Culto Divino

67 - Nova instrução sobre a liturgia - Terceira Instrução para a aplicação da Constituição Conciliar sobre a Liturgia

68 - *Octogesima Adveniens* - Carta Apostólica por ocasião do 80º aniversário da Encíclica *Rerum Novarum* - Paulo VI

69 - *Communio et Progressio* - Instrução Pastoral sobre os meios de comunicação social - Comissão Pontifícia dos Meios de Comunicação Social

70 - *Causas Matrimoniales* - Motu Próprio em que se estabelecem algumas normas para uma mais rápida resolução dos processos matrimoniais - Paulo VI

71 - Exortação Apostólica sobre a renovação da vida religiosa segundo os ensinamentos do concílio - Paulo VI

73 - *Laudes Canticum* - Constituição Apostólica sobre o ofício divino - Paulo VI

74 - Diretório catequético geral - Sagrada Congregação para o Clero

75 - *De Sacramento Confirmationis* - Constituição Apostólica - Paulo VI

76 - O sacerdócio ministerial - Sínodo dos Bispos

77 - A justiça no mundo - Sínodo dos Bispos

78 - Unidade e pluralismo na Igreja - Conferência Nacional dos Bispos do Brasil

79 - Ordens menores: subdiaconado, diaconado - Carta Apostólica - Paulo VI

80 - *Sacran Unctionem Infirmorum* - Unção dos enfermos - Constituição Apostólica - Paulo VI

81 - *Immensae Caritatis*

82 - Ministério da Igreja - Declaração acerca da Doutrina Católica sobre a Igreja para a defender de alguns erros hodiernos - Sagrada Congregação para a Doutrina da Fé

83 - *Marialis Cultus* - Exortação Apostólica sobre o culto à bem-aventurada Virgem Maria - Paulo VI

84 - *Gaudete in Domino* - A alegria cristã - Exortação Apostólica - Paulo VI

85 - *Evangelii Nuntiandi* - Exortação Apostólica sobre a evangelização no mundo contemporâneo - Paulo VI

86 - Declaração sobre alguns pontos da ética sexual - Sagrada Congregação para a Doutrina da Fé

87 - A catequese no nosso tempo especialmente para as crianças e os jovens - Mensagem ao povo de Deus - Sínodo dos Bispos

88 - Relação entre bispos e religiosos na Igreja - Sagradas Congregações para os Bispos e para os Religiosos e os Institutos Seculares

89 - João Paulo II em Puebla - Pronunciamentos do Papa na América Latina - João Paulo II

90 - *Redemptor Hominis* - Carta Encíclica O Redentor do Homem - João Paulo II

91 - Carta de João Paulo II aos sacerdotes - João Paulo II

92 - Sabedoria Cristã: Constituição Apostólica sobre as Universidades e as Faculdades Eclesiásticas - João Paulo II

93 - *Catechesi Tradendae* - Exortação Apostólica A Catequese Hoje - João Paulo II

94 - Ministério e culto à Santíssima Eucaristia

95 - Instrução sobre a formação litúrgica nos seminários - Sagrada Congregação para a Educação Católica

96 - *Dives in Misericordia* - Carta Encíclica sobre a misericórdia divina - João Paulo II

97 - Instrução sobre o batismo das crianças - Sagrada Congregação para a Doutrina da fé

99 - *Laborem exercens* - Carta Encíclica sobre o trabalho humano no 90º aniversário da *Rerum Novarum* - João Paulo II

100 - *Familiaris Consortio* - Exortação Apostólica sobre a missão da família cristã no mundo de hoje - João Paulo II

101 - Pastoral vocacional - documento conclusivo

102 - *Aperite Portas Redemptori* - Abri as portas ao Redentor - Bula de proclamação do Jubileu pelo 1950º aniversário da Redenção - João Paulo II

103 - A Doutrina da Igreja sobre a vida religiosa

104 - *Salvifici Doloris* - Carta Apostólica sobre o sentido cristão do sofrimento humano - João Paulo II

105 - Instrução sobre alguns aspectos da "Teologia da Libertação" - Sagrada Congregação para a Doutrina da Fé

106 - *Reconciliatio et Paenitentia* - Exortação Apostólica Pós-Sinodal Reconciliação e Penitência - João Paulo II

107 - Aos jovens e às jovens do mundo - Carta Apostólica por ocasião do Ano Internacional da Juventude - João Paulo II

108 - *Slavorum Apostoli* - Carta Encíclica - João Paulo II

109 - Sínodo extraordinário dos Bispos - Assembléia Geral Extraordinária do Sínodo dos Bispos - 1985 - Sínodo dos Bispos

110 - Instrução sobre a liberdade cristã e a libertação - Congregação para a Doutrina da Fé

111 - Mensagem aos bispos do Brasil - João Paulo II

112 - *Dominum et Vivificantem* - Carta Encíclica sobre o Espírito Santo na vida da Igreja e do mundo - João Paulo II

113 - Orientações para a formação dos futuros sacerdotes acerca dos instrumentos da Comunicação Social - Congregação para a Educação Católica

114 - A serviço da comunidade humana: uma consideração ética da dívida internacional - Pontifícia Comissão "Justitia et Pax"

115 - Instrução sobre o respeito à vida humana nascente e a dignidade da procriação - Congregação para a Doutrina da Fé

116 - *Redemptoris Mater* - Carta Encíclica sobre a mãe do redentor - João Paulo II

117 - *Solicitudo Rei Socialis* - Carta Encíclica Solicitude Social pelo 20º aniversário da Encíclica *Populorum Progressio* - João Paulo II

118 - *Mulieres Dignitatem* - Carta Apostólica A dignidade e a vocação da mulher - João Paulo II

119 - *Christifidelis Laici* - Exortação Apostólica sobre a Vocação e Missão dos Leigos na Igreja e no Mundo - João Paulo II

120 - Pornografia e violência nas Comunicações Sociais: uma resposta pastoral - Pontifício Conselho para as Comunicações Sociais

121 - Orientações sobre a formação nos Institutos Religiosos

122 - Instrução sobre a vocação eclesial do teólogo - Congregação para a Doutrina da Fé

123 - Carta Apostólica aos religiosos e às religiosas da América Latina - João Paulo II

124 - Universidades Católicas - Constituição Apostólica - João Paulo II

125 - *Redemptoris Missio* - Carta Encíclica sobre a validade permanente do mandato missionário - João Paulo II

126 - *Centesimus Annus* - Carta Encíclica no centenário da *Rerum Novarum* - João Paulo II

127 - *Aetatis Novae* no 20º aniversário da *Communio et Progressio*: uma revolução nas comunicações - Instrução Pastoral - Pontifício Conselho para as Comunicações Sociais

128 - *Pastores Dabo Vobis* - Exortação Apostólica Pós-Sinodal sobre a formação dos sacerdotes - João Paulo II

129 - A vida consagrada e a sua missão na Igreja e no mundo: *Lineamenta* - IX Assembéia Geral Ordinária - Sínodo dos Bispos

130 - *Veritatis Splendor* - Carta Encíclica O Esplendor da Verdade - João Paulo II

131 - Carta às famílias - João Paulo II

132 - Diretório para a aplicação dos princípios e normas sobre o ecumenismo - Conselho Pontifício para a Promoção da Unidade dos Cristãos

133 - A Liturgia Romana e a Inculturação - IV Instrução para uma correta aplicação da Constituição Conciliar sobre a Liturgia - Congregação para o Culto Divino

134 - A Interpretação da Bíblia na Igreja - Pontifícia Comissão Bíblica

135 - *Congregavit nos in unum Christi amor* - A Vida Fraterna em Comunidade - Congregação para os Institutos de Vida Consagrada e as Sociedades de Vida Apostólica

136 - A vida consagrada e a sua missão na Igreja e no mundo - Sínodo dos Bispos

137 - *Tertio Millennio Adveniente* - Carta Apostólica sobre a preparação para o ano 2 000 - João Paulo II

138 - Carta do Papa às crianças no Ano da Família - João Paulo II

139 - *Evangelium Vitae* - Carta Encíclica de João Paulo II sobre o valor e a inviolabilidade da vida humana - João Paulo II

140 - Carta do Santo Padre João Paulo II aos sacerdotes por ocasião da Quinta-feira Santa de 1995 - João Paulo II

141 - *Orientale Lumen* - Carta Apostólica no centenário da *Orientalium Dignitas* do Papa Leão XIII - João Paulo II

142 - *Ut unum sint* - Carta Encíclica sobre o empenho ecumênico - João Paulo II

143 - Mensagem do Santo Padre João Paulo II por ocasião do 50º aniversário do fim da 2ª Guerra Mundial na Europa - João Paulo II

144 - Carta do Papa João Paulo II às mulheres - João Paulo II

145 - *Ecclesia in África* - Exortação Apostólica Pós-Sinodal sobre a Igreja na África e a sua missão evangelizadora rumo ao ano 2000 - João Paulo II

146 - Mensagem de Sua Santidade João Paulo II para a celebração do Dia Mundial da Paz (1º de janeiro 1996) - João Paulo II

147 - *Vita Consecrata* - Exortação Apostólica Pós-Sinodal sobre a vida consagrada e a sua missão na Igreja e no mundo - João Paulo II

148 - Sexualidade humana: verdade e significado - Orientações educativas em família - Conselho Pontifício para a Família

149 - Diálogo e Anúncio - Pontifício Conselho para o Diálogo Inter-religioso

150 - Preparação para o sacramento do matrimônio - Conselho Pontifício para a Família

151 - Encontro com Jesus Cristo vivo, caminho para a conversão, a comunhão e a solidariedade na América - *Lineamenta* - Assembléia Especial para a América

152 - A fome no mundo - Um desafio para todos: o desenvolvimento solidário - Pontifício Conselho "Cor Unum"

153 - Ética da Publicidade - Pontifício Conselho para as Comunicações Sociais

154 - Instrução acerca de algumas questões sobre a colaboração dos fiéis leigos no sagrado ministério dos sacerdotes - VV.AA.

155 - Para uma melhor distribuição da terra: o desafio da reforma agrária - Pontifício Conselho "Justiça e Paz"

156 - A dimensão ecumênica na formação dos que trabalham no ministério pastoral - Conselho Pontifício para a Promoção da Unidade dos Cristãos

157 - Normas fundamentais para a formação dos diáconos permanentes - Diretório do Ministério e da Vida dos Diáconos Permanentes - Congregação para a Educação Católica e Congregação para o Clero

158 - *Dies Domini* - Carta Apostólica ao episcopado, ao clero e aos fiéis da Igreja Católica sobre a santificação do domingo - João Paulo II

159 - *Ad Tuendam Fidem* - Para defender a fé - Carta Apostólica sob forma de "Motu Próprio"- João Paulo II

160 - *Fides et Ratio* - Carta Encíclica aos bispos da Igreja Católica sobre as relações entre fé e razão - João Paulo II

161 - *Incarnationis Mysterium* - O Mistério da Encarnação - Bula Pontifícia a todos os fiéis que caminham para o Terceiro Milênio - João Paulo II

162 - Diálogo Católico-Pentecostal: evangelização, proselitismo e testemunho comum - Pontifício Conselho para a Promoção da Unidade dos Cristãos

163 - *Ecclesia in América* - Exortação Apostólica Pós-Sinodal A Igreja na América aos bispos, aos presbíteros e aos diáconos, aos consagrados e às consagradas e a todos os fiéis leigos sobre o encontro com Jesus Cristo vivo, caminho para a conversão, a comunhão e a solidariedade na América - João Paulo II

164 - *Cooperatio Missionalis* - Cooperação Missionária - Instrução da Congregação para a evangelização dos povos

165 - A dignidade do ancião e a sua missão na Igreja e no mundo - Conselho Pontifício para os Leigos

166 - A colaboração interinstitutos para a formação - Congregação para os Institutos de Vida Consagrada e as Sociedades de Vida Apostólica

167 - Carta de João Paulo II aos artistas - João Paulo II

168 - O dom da autoridade (Autoridade na Igreja III) - Comissão Internacional Anglicana-Católica Romana

169 - Para uma pastoral da cultura - Conselho Pontifício da Cultura

170 - O Santuário: memória, presença e profecia do Deus vivo - Pontifício Conselho para a Pastoral dos Migrantes e Itinerantes

171 - Carta sobre a peregrinação aos lugares relacionados com a história da salvação - João Paulo II

172 - *Verbi Sponsa* - Instrução sobre a vida contemplativa e a clausura das monjas - Congregação para os Institutos de Vida Consagrada e Sociedades de Vida Apostólica

173 - O Presbítero: mestre da palavra, ministro dos sacramentos e guia da comunidade, em vista do terceiro milênio - Congregação para o Clero

174 - Carta aos anciãos - João Paulo II

175 - Carta aos sacerdotes por ocasião da Quinta-feira Santa de 2000 - João Paulo II

176 - Ética nas Comunicações Sociais - Pontifício Conselho para as Comunicações Sociais

177 - Mensagem para o jubileu nos cárceres - João Paulo II

178 - Mensagem por ocasião da XV Jornada Mundial da Juventude - João Paulo II

179 - Mensagem para o Dia Missionário Mundial de 2000 - João Paulo II

180 - *Novo Millennio ineunte* - Carta Apostólica no início do novo milênio - João Paulo II

181 - Mensagem para a Celebração do Dia Mundial da Paz - 1º de janeiro de 2002 - João Paulo II

182 - *Misericordia Dei* - Carta Apostólica A Misericórdia de Deus sob forma de "Motu Proprio" sobre alguns aspectos da celebração do sacramento da penitência - João Paulo II

183 - *Rosarium Virginis Mariae* - Carta apostólica sobre o rosário da Virgem Maria - João Paulo II

184 - Mensagem para o 40º Dia Mundial de Oração pelas Vocações - João Paulo II

185 - *Ecclesia de Eucharistia* - Carta Encíclica sobre a Eucaristia na sua relação com a Igreja - João Paulo II

186 - *Pastores gregis* - Exortação apostólica pós-sinodal sobre o Bispo, servidor do Evangelho de Jesus Cristo para a esperança do mundo - João Paulo II

Impresso na gráfica da
Pia Sociedade Filhas de São Paulo
Via Raposo Tavares, km 19,145
05577-300 - São Paulo, SP - Brasil - 2003